Smaki Włoch

Kulinarna podróż po regionach Włoch - od Sycylii po Wenecję

Giulia Bianchi

SPIS TREŚCI

Gnocchi ze szpinakiem i ziemniakami 8

Gnocchi z owocami morza z sosem pomidorowym i oliwkami 12

Zielone gnocchi w różowym sosie 16

Gnocchi z kaszy manny 19

Pierogi z Abruzji 22

Naleśniki Nadziewane Ricottą 26

Timbale z naleśników abruzyjskich z grzybami 29

Artisan Toskańskie Spaghetti Z Sosem Mięsnym 33

Pici z czosnkiem i bułką tartą 36

ciasto na makaron z kaszy manny 38

Cavatelli z Ragu 40

Cavatelli z kalmarami i szafranem 42

Cavatelli z rukolą i pomidorem 46

Orecchiette z ragout wieprzowym 48

Orecchiette Z Brokułami Rabe 51

Orecchiette Z Kalafiorem I Pomidorami 54

Orecchiette z kiełbasą i kapustą 56

Orecchiette z miecznikiem 58

białe risotto 67

Szafranowe risotto po mediolańsku 70

risotto ze szparagami 73

Risotto z czerwoną papryką 76

Risotto z pomidorami i rukolą 79

Risotto z czerwonym winem i radicchio 82

Risotto z kremowym kalafiorem 86

cytrynowe risotto 89

Risotto ze szpinakiem 92

złote risotto z dyni 95

Weneckie risotto z groszkiem 98

wiosenne risotto 101

Risotto z pomidorem i fontiną 105

Risotto z krewetkami i selerem 108

Risotto z „owocami morza" 113

Pieczony udziec jagnięcy z ziemniakami, czosnkiem i rozmarynem 116

Udziec jagnięcy z cytryną, ziołami i czosnkiem 118

Cukinia faszerowana duszoną jagnięciną 120

Królik z białym winem i ziołami 122

Królik Z Oliwkami 125

Królik w stylu Porchetta 127

Królik Z Pomidorami 130

Słodko-kwaśny duszony królik 132

Pieczony królik z ziemniakami 135

marynowane karczochy 137

Karczochy rzymskie 139

duszone karczochy 141

Karczochy po żydowsku 143

Wiosna Rzymska Gulasz Warzywny 145

Chrupiące serca karczochów 147

nadziewane karczochy 149

Faszerowane karczochy po sycylijsku 152

Szparagi „na patelni" 155

Szparagi z oliwą i octem 157

Szparagi Z Masłem Cytrynowym 159

Szparagi z różnymi sosami 161

Szparagi z dressingiem kaparowym i jajkami 163

Szparagi z parmezanem i masłem 165

Paczki ze szparagami i prosciutto 167

Pieczone szparagi 169

Szparagi w Zabaglione 171

Szparagi z Taleggio i orzeszkami pinii 173

tymbale szparagowe 175

Fasola w stylu wiejskim 177

fasola toskańska 179

Sałatka Fasolowa 182

Fasola i kapusta 184

Fasola W Pomidorowym Sosie Szałwiowym 186

Gulasz z ciecierzycy 188

Bób z gorzkimi zieleniami 190

Świeży bób po rzymsku 193

Świeży bób po umbryjsku 195

Brokuły Z Olejem I Cytryną 197

Brokuły po parmeńsku 199

Rabe z brokułów z czosnkiem i ostrą papryką 201

Brokuły Z Prosciutto 203

Kanapki Z Brokułami Rabe 205

Rabe z brokułów z boczkiem i pomidorami 207

Małe Warzywne Pasztety 209

smażony kalafior 211

Gnocchi ze szpinakiem i ziemniakami

Gnocchi z Patate i Spinaci

Wychodzi 6 porcji

Chociaż nie jest to powszechnie robione we Włoszech, czasami lubię podawać gnocchi z gulaszem lub gulaszem. Bardzo dobrze wchłaniają sos i są miłą odmianą od puree ziemniaczanego lub polenty. Wypróbuj te gnocchi (bez sosu i sera) jako dodatek<u>Duszony ogon ogonowy po rzymsku</u>Lub<u>Gulasz wołowy z Friuli</u>.

Upiecz 1 1/2 funta ziemniaków

1 worek (10 uncji) szpinaku, przycięty

Słony

2 szklanki mąki uniwersalnej plus więcej do uformowania gnocchi

1 duże jajko, ubite

   1/2 kubka<u>Sos z masła i szałwii</u>

1 szklanka świeżo startego Parmigiano-Reggiano

1. Umieść ziemniaki w dużym garnku z zimną wodą, aby je przykryć. Przykryj patelnię i doprowadź do wrzenia. Gotuj, aż ziemniaki będą miękkie po przekłuciu nożem, około 20 minut.

dwa. Umieść szpinak w dużym rondlu z 1/2 szklanki wody i solą do smaku. Przykryj i gotuj, aż szpinak będzie miękki, około 2 do 3 minut. Odcedź szpinak i pozwól mu ostygnąć. Umieść szpinak na ręczniku i odciśnij wilgoć. Szpinak bardzo drobno posiekać.

3. Gdy ziemniaki są jeszcze gorące, obierz i pokrój w kostkę. Ziemniaki rozgnieść mniejszymi otworami młynka do żywności lub mąki albo ręcznie tłuczkiem do ziemniaków. Dodaj szpinak, jajko i 2 łyżeczki soli. Dodaj 1 1/2 szklanki mąki, aż się zmiesza. Ciasto będzie sztywne.

cztery. Zeskrob ziemniaki na posypanej mąką powierzchni. Zagnieść krótko i dodać tyle mąki, ile potrzeba, aby uzyskać miękkie ciasto, tylko tyle, aby gnocchi zachowały swój kształt po ugotowaniu, ale nie na tyle, aby stały się ciężkie. Ciasto powinno być lekko lepkie. W razie wątpliwości zagotuj mały garnek z wodą i wrzuć kawałek ciasta jako próbę. Gotuj, aż pojawi się gnocco. Jeśli ciasto zacznie się rozwarstwiać, dodaj więcej mąki. W przeciwnym razie ciasto jest w porządku.

5. Na razie odłóż ciasto. Zeskrob deskę, aby usunąć resztki ciasta. Umyj i osusz ręce i oprósz je mąką. Przygotuj jedną lub dwie duże formy do pieczenia i oprósz mąką.

6. Ciasto pokroić na 8 kawałków. Trzymając pozostałe ciasto przykryte, zwiń jeden kawałek w długą linę o grubości około 3/4 cala. Pokrój linę na 1/2-calowe bryłki.

7. Aby uformować ciasto, trzymaj widelec w jednej ręce z zębami skierowanymi w dół. Kciukiem drugiej ręki zawiń każdy kawałek ciasta nad zębami, lekko naciskając, aby zrobić rowki po jednej stronie i wgłębienie po drugiej. Ułożyć gnocchi w przygotowanych miseczkach. Kawałki nie mogą się stykać. Powtórz z pozostałym ciastem.

8. Przechowywać w lodówce gnocchi, aż będą gotowe do gotowania. (Gnocchi można również zamrozić. Umieść blachy do pieczenia w zamrażarce na godzinę lub do momentu, aż stwardnieją. Umieść gnocchi w dużej, wytrzymałej plastikowej torbie. Zamrażaj do miesiąca. Nie rozmrażaj przed ugotowaniem.)

9. Przygotuj sos. Aby ugotować gnocchi, zagotuj wodę w dużym garnku. Dodaj sól do smaku. Zmniejsz ogień, aby woda delikatnie się zagotowała. Wrzuć do wody mniej więcej połowę gnocchi. Gotuj przez około 30 sekund po wypłynięciu gnocchi. Wyjąć gnocchi z patelni łyżką cedzakową i dobrze odsączyć.

10. Przygotuj podgrzane, płytkie naczynie do serwowania. Wlej cienką warstwę gorącego sosu do miski. Dodać gnocchi i delikatnie wymieszać. W ten sam sposób ugotować pozostałe gnocchi. Polewamy sosem i posypujemy serem. Podawać na gorąco.

Gnocchi z owocami morza z sosem pomidorowym i oliwkami

Gnocchi rybne z sosem oliwkowym

Wychodzi 6 porcji

Na Sycylii gnocchi ziemniaczane są czasami przyprawiane solą lub inną delikatną rybą. Podaję je z lekko pikantnym sosem pomidorowym, ale sos maślano-ziołowy też byłby pyszny. Ten makaron nie wymaga sera.

1 funt pieczonych ziemniaków

1 1/4 szklanki oliwy z oliwek

1 mała cebula drobno posiekana

1 ząbek czosnku

12 uncji filetu z flądry lub innej delikatnej białej ryby, pokrojonej na 2-calowe kawałki

1 1/2 szklanki wytrawnego białego wina

Sól i świeżo mielony czarny pieprz

1 duże jajko, ubite

Około 2 szklanek mąki uniwersalnej

Zanurzać

1 1/4 szklanki oliwy z oliwek

1 posiekana dymka

2 filety anchois

1 łyżka pasty z czarnych oliwek

2 szklanki obranych, pozbawionych nasion i posiekanych świeżych pomidorów lub importowanych włoskich pomidorów z puszki, odsączonych i posiekanych

2 łyżki posiekanej świeżej pietruszki

Sól i świeżo mielony czarny pieprz

1. Umieść ziemniaki w garnku z zimną wodą, aby je przykryć. Doprowadzić do wrzenia i gotować do miękkości po przekłuciu nożem. Odcedź i ostudź.

dwa. Na średniej patelni podsmaż cebulę i czosnek na oliwie z oliwek na średnim ogniu przez 5 minut, aż cebula będzie miękka. Dodaj rybę i gotuj przez 1 minutę. Dodać wino, sól i pieprz do smaku. Gotuj, aż ryba będzie miękka i większość wilgoci odparuje, około 5 minut. Poczekaj, aż ostygnie i zeskrob zawartość patelni do robota kuchennego lub blendera. Puree do uzyskania gładkości.

3.Przykryj duże patelnie folią aluminiową lub folią spożywczą. Przełóż ziemniaki przez maszynkę do mięsa lub młynek do dużej miski. Dodaj puree rybne i jajko. Stopniowo dodawać mąkę i sól do smaku do lekko lepkiego ciasta. Zagniataj krótko, aż będzie gładkie i dobrze wymieszane.

cztery. Ciasto podzielić na 6 kawałków. Trzymając pozostałe ciasto przykryte, zwiń jeden kawałek w długą linę o grubości około 3/4 cala. Pokrój linę na bryłki o długości 1/2 cala.

5.Aby uformować ciasto, trzymaj widelec w jednej ręce z zębami skierowanymi w dół. Kciukiem drugiej ręki zawiń każdy kawałek ciasta nad zębami, lekko naciskając, aby zrobić rowki po jednej stronie i wgłębienie po drugiej. Ułożyć gnocchi w przygotowanych miseczkach. Kawałki nie mogą się stykać. Powtórz z pozostałym ciastem.

6. Przechowywać w lodówce gnocchi, aż będą gotowe do gotowania. (Gnocchi można również zamrozić. Umieść blachy do pieczenia w zamrażarce na godzinę lub do momentu, aż stwardnieją. Umieść gnocchi w dużej, wytrzymałej plastikowej torbie. Zamrażaj do 1 miesiąca. Nie rozmrażaj przed ugotowaniem.)

7. W przypadku sosu wymieszaj olej z dymką na dużej patelni. Dodaj filety anchois i gotuj, aż anchois się rozpuszczą, około 2 minut. Dodaj pastę z oliwek, pomidory i pietruszkę. Dodaj sól i pieprz i gotuj, aż sok pomidorowy lekko zgęstnieje, od 8 do 10 minut. Wlej połowę sosu do dużej, ciepłej miski i podawaj.

8. Przygotuj gnocchi: Zagotuj wodę w dużym garnku. Dodaj sól do smaku. Zmniejsz ogień, aby woda delikatnie się zagotowała. Wrzuć do wody mniej więcej połowę gnocchi. Gotuj przez około 30 sekund po wypłynięciu gnocchi. Wyjąć gnocchi z patelni łyżką cedzakową i dobrze odsączyć. Ułóż gnocchi w misce do serwowania. W ten sam sposób ugotować pozostałe gnocchi. Dodać pozostały sos i delikatnie wymieszać. Natychmiast podawaj.

Zielone gnocchi w różowym sosie

Gnocchi Verdi w Sosie Rossa

Wychodzi 6 porcji

Pierwszy raz jadłam te pierożki w Rzymie, choć są bardziej typowe dla Emilii-Romanii i Toskanii. Są lżejsze niż gnocchi ziemniaczane, a posiekane warzywa nadają im teksturę powierzchni, więc nie trzeba kształtować klopsików widelcem. Dla odmiany spróbuj je spryskać<u>Sos z masła i szałwii</u>.

3 filiżanki<u>Sos różowy</u>

1 funt szpinaku, łodygi usunięte

1 funt szwajcarski boćwina, łodygi usunięte

1 1/4 szklanki wody

Słony

2 łyżki niesolonego masła

1 1/4 szklanki drobno posiekanej cebuli

1 funt całej lub częściowo odtłuszczonej ricotty

2 duże jajka

1 1/2 filiżanki świeżo startego Parmigiano-Reggiano

1 1/4 łyżeczki mielonej gałki muszkatołowej

świeżo zmielony czarny pieprz

1 1/2 szklanki mąki uniwersalnej

1. Przygotuj sos. Następnie w dużym rondlu połącz dwa warzywa, wodę i sól do smaku. Gotuj przez 5 minut lub do miękkości i miękkości. Odcedź i ostudź. Zawiń warzywa w ręcznik i ściśnij, aby wydobyć płyn. Drobno posiekać.

dwa. Rozpuść masło na średniej patelni na średnim ogniu. Dodać cebulę i smażyć, często mieszając, przez około 10 minut, aż nabierze złotego koloru.

3. W dużej misce wymieszaj ricottę, jajka, 1 szklankę Parmigiano-Reggiano, gałkę muszkatołową oraz sól i pieprz do smaku. Dodaj cebulę i pokrojone warzywa i dobrze wymieszaj. Mieszaj mąkę, aż dobrze się połączy. Ciasto będzie miękkie.

cztery. Blachy do pieczenia wyłożyć pergaminem lub woskowanym papierem. Zwilż ręce zimną wodą. Odkładamy łyżkę ciasta. Lekko uformuj kulkę o średnicy 3/4 cala. Umieść piłkę na blasze do pieczenia. Powtórz z pozostałym ciastem. Przykryć folią i przechowywać w lodówce, aż będą gotowe do gotowania.

5. Zagotuj co najmniej 4 litry wody. Dodaj sól do smaku. Zmniejsz nieco ciepło. Dodawaj po kilka połówek gnocchi na raz. Gdy wypłyną na powierzchnię, gotuj jeszcze 30 sekund.

6. Wlej połowę gorącego sosu do ciepłej miski. Wyjąć gnocchi łyżką cedzakową i dobrze odsączyć. Dodaj je do źródła. Przykryj i trzymaj w cieple podczas gotowania pozostałych gnocchi w ten sam sposób. Polać resztą sosu i serem. Podawać na gorąco.

Gnocchi z kaszy manny

Gnocchi Alla Romana

Przepis na 4 do 6 porcji

Pamiętaj, aby całkowicie ugotować kaszę z płynem. Jeśli jest niedogotowany, ma tendencję do roztapiania się w ciasto zamiast zachowywania kształtu podczas pieczenia. Ale nawet jeśli tak się stanie, nadal będzie smakować wyśmienicie.

2 szklanki mleka

2 szklanki wody

1 szklanka drobnych ziaren

2 łyżeczki soli

4 łyżki niesolonego masła

dwa/3 filiżanki świeżo startego Parmigiano-Reggiano

2 żółtka

1. W średnim rondlu podgrzej mleko i 1 szklankę wody na średnim ogniu, aż się zagotuje. Wymieszaj pozostałą 1

szklankę wody i granulki. Wlej mieszaninę do płynu. Dodaj sól. Gotuj, ciągle mieszając, aż mieszanina się zagotuje. Zmniejsz ogień do niskiego poziomu i gotuj, dobrze mieszając, przez 20 minut lub do momentu, aż mieszanina będzie bardzo gęsta.

dwa. Zdejmij patelnię z ognia. Dodaj 2 łyżki masła i połowę sera. Szybko ubij żółtka trzepaczką.

3. Lekko zwilż blachę do pieczenia. Wlać grys na arkusz i rozprowadzić na grubość 1/2 cala za pomocą metalowej szpatułki. Pozostaw do ostygnięcia, przykryj i przechowuj w lodówce przez godzinę lub do 48 godzin.

cztery. Umieść ruszt na środku piekarnika. Rozgrzej piekarnik do 400 ° F. Nasmaruj masłem naczynie do pieczenia o wymiarach 13 × 9 × 2 cale.

5. Zanurz foremkę do ciastek lub ciastek o średnicy 1 1/2 cala w zimnej wodzie. Pokrój kaszę w plastry i ułóż kawałki w przygotowanym naczyniu do zapiekania, lekko nachodząc na siebie.

6. Rozpuść pozostałe 2 łyżki masła w małym rondelku i polej gnocchi. Posyp pozostałym serem. Piec przez 20 do 30 minut

lub do momentu, aż będą złotobrązowe i musujące. Pozostaw do ostygnięcia na 5 minut przed podaniem.

Pierogi z Abruzji

Polpette di Pane al Sugo

Przepis na 6 do 8 porcji

Kiedy odwiedziłem winiarnię Orlandi Contucci Ponno w Abruzji, miałem przyjemność skosztować ich doskonałych win, w tym zarówno białych odmian z Trebbiano d'Abruzzo, jak i czerwonych z Montepulciano d'Abruzzo, a także kilku mieszanek. Wina tak dobre jak te zasługują na dobry posiłek, a nasz lunch nie zawiódł, zwłaszcza klopsiki z jajek, sera i chleba duszone w sosie pomidorowym. Chociaż nigdy wcześniej ich nie próbowałem, mały research nauczył mnie, że te „bezmięsne klopsiki" są również popularne w innych regionach Włoch, takich jak Kalabria i Basilicata.

Kucharka w piwnicy powiedziała mi, że zrobiła klopsiki z mięczakiem chleba, wnętrzem chleba bez skórki. Robię je z całym chlebem. Ponieważ chleb włoski, który tu kupuję, nie jest tak twardy jak włoski, skórka nadaje knedle dodatkową strukturę.

Jeśli planujesz zrobić je z wyprzedzeniem, trzymaj klopsiki i sos oddzielnie do czasu podania, aby klopsiki nie wchłonęły zbyt dużej ilości sosu.

1 12-uncjowy bochenek włoski lub francuski, pokrojony na 1-calowe kawałki (około 8 filiżanek)

2 szklanki zimnej wody

3 duże jajka

1/2 filiżanki startego Pecorino Romano i więcej do podania

1 1/4 szklanki posiekanej świeżej pietruszki

1 ząbek czosnku drobno posiekany

olej roślinny do smażenia

Zanurzać

1 średnia cebula, drobno posiekana

1 1/2 szklanki oliwy z oliwek

2 puszki (28 uncji) importowanych włoskich pomidorów bez skórki z sokiem, posiekane

1 mała suszona peoncino, pokruszona lub szczypta mielonej czerwonej papryki

Słony

6 listków świeżej bazylii

1. Pokrój lub połam chleb na małe kawałki lub zmiel chleb w robocie kuchennym na grube okruchy. Chleb moczymy w wodzie przez 20 minut. Ściśnij chleb, aby usunąć nadmiar wody.

dwa. W dużej misce ubij jajka, ser, pietruszkę i czosnek ze szczyptą soli i pieprzu do smaku. Dodaj pokruszony chleb i dobrze wymieszaj. Jeśli mieszanina wydaje się sucha, dodaj kolejne jajko. Dobrze wymieszaj. Uformuj z mieszanki kulki wielkości piłki golfowej.

3. Wlej wystarczającą ilość oleju do dużej, ciężkiej patelni, aby osiągnąć głębokość jednego cala. Podgrzej olej na średnim ogniu, aż kropelka mieszanki chlebowej zacznie skwierczeć po włożeniu jej do oleju.

cztery. Dodaj kulki na patelnię i smaż, delikatnie obracając, aż uzyskasz złoty kolor ze wszystkich stron, około 10 minut. Niech kulki odsączą się na papierze kuchennym.

5. Aby zrobić sos, w dużym rondlu podsmaż cebulę na oliwie z oliwek na średnim ogniu, aż zmięknie. Dodaj pomidory, peboncino i sól do smaku. Gotuj na małym ogniu przez 15 minut lub do momentu, aż lekko zgęstnieje.

6. Dodaj kulki chleba i polej sosem. Gotuj przez kolejne 15 minut na małym ogniu. Posypać bazylią. Podawać z dodatkowym serem.

Naleśniki Nadziewane Ricottą

Manicotti

Przepis na 6 do 8 porcji

Podczas gdy wielu kucharzy używa rurek z makaronem do robienia manicotti, to jest neapolitański przepis rodzinny mojej mamy, zrobiony z naleśników. Gotowe manicotti są znacznie lżejsze niż te zrobione z makaronu, a niektórzy kucharze uważają, że manicotti jest łatwiejsze do zrobienia z naleśników.

   3 filiżanki<u>ragout neapolitański</u>

naleśniki

1 Mąkę o wszechstronnym przeznaczeniu

1 szklanka wody

3 jajka

1 1/2 łyżeczki soli

Olej roślinny

Pożywny

2 funty całej lub częściowo odtłuszczonej ricotty

4 uncje świeżej mozzarelli, posiekanej lub startej

1/2 szklanki świeżo startego Parmigiano-Reggiano

1 duże jajko

2 łyżki posiekanej świeżej pietruszki

świeżo zmielony czarny pieprz do smaku

Szczypta soli

1/2 szklanki świeżo startego Parmigiano-Reggiano

1. Przygotuj ragout. Następnie w dużej misce ubij składniki na naleśniki, aż będą gładkie. Przykryj i wstaw do lodówki na 30 minut lub dłużej.

dwa. Podgrzej 6-calową nieprzywierającą patelnię lub patelnię do omletów na średnim ogniu. Lekko posmaruj patelnię olejem. Trzymaj patelnię w jednej ręce i wlej około 1/3 szklanki ciasta na naleśniki. Natychmiast podnieś patelnię i obróć ją tak, aby dno całkowicie pokryło się cienką warstwą ciasta. Odlać nadmiar ciasta. Smaż przez minutę lub do momentu, aż brzeg naleśnika zbrązowieje i zacznie podnosić się z patelni. Obróć naleśnik palcami i smaż z drugiej strony na jasnobrązowy kolor. Gotuj 30 sekund dłużej lub do zrumienienia.

3.Usmażony naleśnik przełożyć na talerz. Powtórz, robiąc naleśniki z pozostałego ciasta i układając je jeden na drugim.

cztery. Aby zrobić nadzienie, wymieszaj wszystkie składniki w dużej misce, aż się połączą.

5.Rozłóż cienką warstwę sosu w naczyniu do pieczenia o wymiarach 13 × 9 × 2 cale. Aby napełnić naleśniki, nałóż około 1/4 szklanki nadzienia wzdłuż jednej strony naleśnika. Zwiń naleśnik w rulon i umieść go w naczyniu do pieczenia, łączeniem do dołu. Kontynuuj wypełnianie i zwijanie pozostałych naleśników, układając je jeden na drugim. Dodaj dodatkowy sos łyżką. Posypać serem.

6.Umieść ruszt na środku piekarnika. Rozgrzej piekarnik do 350 ° F. Piecz 30 do 45 minut lub do momentu, aż sos zacznie bulgotać, a manicotti się podgrzeje. Podawać na gorąco.

Timbale z naleśników abruzyjskich z grzybami

Timballo di Scrippelle

Wychodzi 8 porcji

Przyjaciółka, której babcia pochodziła z Teramo w regionie Abruzji, przypomniała sobie pyszne naleśniki z grzybami i serem, które jej babcia przygotowała na święta. Oto wersja tego dania, którą zaadaptowałem z książki Slow Food Editore Ricette di Osterie d'Italia. Według książki naleśniki wywodzą się od wyszukanych preparatów do naleśników, które francuscy szefowie kuchni wprowadzili do regionu w XVII wieku.

2 1/2 filiżanki[Toskański sos pomidorowy]{.underline}

naleśniki

5 dużych jaj

1 1/2 szklanki wody

1 łyżeczka soli

1 1/2 szklanki mąki uniwersalnej

olej roślinny do smażenia

Pożywny

1 szklanka suszonych grzybów

1 szklanka ciepłej wody

1 1/4 szklanki oliwy z oliwek

1 funt świeżych białych grzybów, wypłukanych i pokrojonych w grube plastry

1 ząbek czosnku drobno posiekany

2 łyżki świeżej pietruszki o płaskich liściach

Sól i świeżo mielony czarny pieprz

12 uncji świeżej mozzarelli, przyciętej i pokrojonej na 1-calowe kawałki

1 szklanka świeżo startego Parmigiano-Reggiano

1. Przygotuj sos pomidorowy. W dużej misce wymieszaj składniki na naleśniki, aż będą gładkie. Przykryj i wstaw do lodówki na 30 minut lub dłużej.

dwa. Podgrzej 6-calową nieprzywierającą patelnię lub patelnię do omletów na średnim ogniu. Lekko posmaruj patelnię olejem. Trzymaj patelnię w jednej ręce i wlej około 1/3 szklanki ciasta na naleśniki. Natychmiast podnieś patelnię i obróć ją tak, aby dno całkowicie pokryło się cienką warstwą ciasta. Odlać nadmiar ciasta. Smaż 1 minutę lub do momentu, aż brzeg naleśnika zbrązowieje i zacznie podnosić się z patelni. Obróć naleśnik palcami i smaż z drugiej strony na jasnobrązowy kolor. Gotuj 30 sekund dłużej lub do uzyskania cętkowanego brązowego koloru.

3. Usmażony naleśnik przełożyć na talerz. Powtórz przygotowanie naleśnika z pozostałym ciastem, układając je jedno na drugim.

cztery. W celu nadzienia namocz suszone grzyby w wodzie przez 30 minut. Usuń grzyby i zachowaj płyn. Opłucz grzyby pod zimną bieżącą wodą, aby usunąć wszelkie zabrudzenia, zwracając szczególną uwagę na końce łodyg, na których gromadzi się brud. Pieczarki pokroić na duże kawałki. Przecedź grzybowy płyn przez papierowy filtr do kawy do miski.

5. Na dużej patelni rozgrzej olej. Dodaj grzyby. Gotuj, często mieszając, aż grzyby się zrumienią, 10 minut. Dodaj czosnek, pietruszkę oraz sól i pieprz do smaku. Gotuj, aż czosnek będzie złotobrązowy, jeszcze około 2 minut. Dodaj suszone grzyby i ich płyn. Gotuj przez 5 minut lub do momentu, aż większość płynu odparuje.

6. Umieść ruszt na środku piekarnika. Rozgrzej piekarnik do 375 ° F. Wlej cienką warstwę sosu pomidorowego do naczynia do pieczenia o wymiarach 13 × 9 × 2 cale. Ułóż warstwę naleśników, lekko nachodząc na siebie. Następnie ułóż warstwę pieczarek, mozzarelli, sosu i sera. Powtórz warstwy i zakończ naleśnikami, sosem i tartym serem.

7. Piecz przez 45 do 60 minut lub do momentu, aż sos zacznie bulgotać. Odstaw na 10 minut przed podaniem. Pokrój w kwadraty i podawaj na gorąco.

Artisan Toskańskie Spaghetti Z Sosem Mięsnym

Pici al Ragu

Wychodzi 6 porcji

Gumowe nitki ręcznie robionego makaronu są popularne w Toskanii i niektórych częściach Umbrii, zwykle zapiekane z mięsnym ragu. Makaron nazywa się pici lub pinci i pochodzi od słowa appicciata, co oznacza „rozciągany ręcznie".

Nauczyłem się je robić w Montefollonico w restauracji o nazwie La Chiusa, gdzie szef kuchni podchodzi do każdego stolika i pokazuje gościom, jak je robić. Są bardzo łatwe do wykonania, choć zajmują dużo czasu.

3 szklanki niebielonej mąki uniwersalnej plus więcej do formowania ciasta

Słony

1 łyżka oliwy z oliwek

Około 1 szklanki wody

    6 filiżanek<u>Toskański sos mięsny</u>

1/2 szklanki świeżo startego Parmigiano-Reggiano

1. Umieść mąkę i 1/4 łyżeczki soli w dużej misce i wymieszaj, aby połączyć. Wlej oliwę na środek. Zacznij mieszać mieszaninę, powoli dodając wodę, zatrzymując się, gdy ciasto zacznie się łączyć i formować kulę. Wyjmij ciasto na lekko posypaną mąką powierzchnię i ugniataj, aż będzie gładkie i elastyczne, około 10 minut.

dwa. Z ciasta uformować kulę. Przykryć odwróconą miską i odstawić na 30 minut.

3. Dużą blachę do pieczenia oprószyć mąką. Ciasto podzielić na ćwiartki. Zawsze pracuj z jedną czwartą ciasta, a resztę przykryj. Odrywać małe kawałki wielkości orzecha laskowego.

cztery. Na lekko posypanej mąką powierzchni spłaszczyć każdy kawałek ciasta rękami w cienkie pasma o grubości około cala. Umieść pasma na przygotowanej blasze do pieczenia z pewnym odstępem między nimi. Powtórz z pozostałym ciastem. Pozostaw pastę do wyschnięcia bez przykrycia na około 1 godzinę.

5. W międzyczasie przygotować sos. Następnie w dużym garnku zagotować 4 litry wody. Dodaj sól do smaku. Dodaj pici i gotuj, aż będzie al dente, miękkie, ale nadal jędrne. Odcedź i wrzuć makaron z sosem do dużej, ogrzanej miski. Posypać serem i ponownie wymieszać. Podawać na gorąco.

Pici z czosnkiem i bułką tartą

Pici z le Briciole

Przepis na 4 do 6 porcji

To danie pochodzi z La Fattoria, uroczej restauracji nad jeziorem w pobliżu etruskiego miasta Chiusi.

1 funt<u>Artisan Toskańskie Spaghetti Z Sosem Mięsnym</u>, kroki od 1 do 6

1 1/2 szklanki oliwy z oliwek

4 duże ząbki czosnku

1 1/2 szklanki suchej drobnej bułki tartej

1 1/2 szklanki świeżo startego Pecorino Romano

1. Przygotuj makaron. Na patelni wystarczająco dużej, aby pomieścić cały makaron, rozgrzej olej na średnim ogniu. Ząbki czosnku lekko rozgnieść i dodać na patelnię. Gotuj, aż czosnek będzie złotobrązowy, około 5 minut. Nie pozwól, aby się zrumieniła. Zdjąć czosnek z patelni i dodać bułkę tartą. Gotuj,

często mieszając, aż okruchy będą złotobrązowe, około 5 minut.

dwa.W międzyczasie zagotuj co najmniej 4 litry wody. Dodaj makaron i 2 łyżki soli. Dobrze wymieszać. Gotuj na dużym ogniu, często mieszając, aż makaron będzie al dente, miękki, ale twardy, gdy go wgryziesz. Odcedź makaron.

3.Dodaj makaron na patelnię z bułką tartą i dobrze wymieszaj na średnim ogniu. Posypać serem i ponownie wymieszać. Natychmiast podawaj.

ciasto na makaron z kaszy manny

Robi około 1 funta

Semolina z pszenicy durum jest używana do produkcji różnych rodzajów świeżego makaronu w południowych Włoszech, zwłaszcza w Apulii, Kalabrii i Basilicacie. Po ugotowaniu te makarony są gumowate i dobrze komponują się z obfitymi sosami mięsnymi i warzywnymi. Ciasto jest bardzo sztywne. Można go ugniatać ręcznie, choć jest to dość wymagające ćwiczenie. Wolę użyć robota kuchennego lub ciężkiego miksera, aby mieszanina była ciężka, a następnie krótko ją ugniatać ręcznie, aby upewnić się, że konsystencja jest odpowiednia.

1 1/2 szklanki drobnej kaszy manny

1 szklanka mąki uniwersalnej plus więcej do podsypywania

1 łyżeczka soli

Około 2/3 szklanki ciepłej wody

1. W misce wytrzymałego robota kuchennego lub miksera połącz suche składniki. Stopniowo dodawaj wodę, aby uzyskać zwarte, nieklejące się ciasto.

dwa. Umieść ciasto na lekko posypanej mąką powierzchni. Zagniataj, aż będzie gładkie, około 2 minut.

3. Ciasto przykryć miską i odstawić na 30 minut. Oprósz mąką dwie duże blachy do pieczenia.

cztery. Ciasto pokroić na 8 kawałków. Pracuj z jednym kawałkiem na raz i trzymaj pozostałe kawałki przykryte odwróconą miską. Na lekko posypanej mąką powierzchni rozwałkuj kawałek ciasta na długi sznur o grubości około cala. Z ciasta uformować cavatelli lub orrecchiette, jak opisano w instrukcji<u>Cavatelli z Ragu</u>przepis.

Cavatelli z Ragu

Cavatelli z Ragu

Przepis na 6 do 8 porcji

Sklepy i katalogi specjalizujące się w sprzęcie do produkcji makaronu często sprzedają maszynę do cavatelli. Wygląda jak stara maszynka do mięsa. Mocuje go do blatu, wkłada kawałek ciasta w jeden koniec, obraca rączką i dobrze wypieczone cavatelli wychodzi z drugiego końca. To sprawia, że partia tego ciasta jest krótka, ale nie zawracałbym sobie głowy, chyba że często robię cavatelli.

Podczas formowania cavatelli pracuj na drewnianej lub innej chropowatej powierzchni. Chropowata powierzchnia utrzymuje kawałki ciasta na makaron, dzięki czemu można je przeciągać nożem zamiast przesuwać je po gładkim, śliskim blacie.

ragout z kiełbasąLubSycylijski sos pomidorowy

1 funtciasto na makaron z kaszy mannyprzygotowane w kroku 4

Słony

1. Przygotuj ragu lub sos. Przygotuj 2 blachy do pieczenia posypane mąką.

dwa. Pokrój ciasto na 1/2-calowe kawałki. Trzymaj mały nóż z tępym ostrzem i zaokrągloną końcówką z palcem wskazującym dociśniętym do ostrza. Spłaszczyć każdy kawałek ciasta, lekko dociskając i ciągnąc, aby ciasto zawinęło się wokół końcówki noża, tworząc skorupę.

3. Podziel kawałki na przygotowane patelnie. Powtórz z pozostałym ciastem. (Jeśli nie będziesz używać cavatelli przez godzinę, włóż naczynia do zamrażarki. Jeśli kawałki są twarde, umieść je w plastikowej torbie i szczelnie zamknij. Nie rozmrażaj przed gotowaniem.)

cztery. Przed gotowaniem zagotuj cztery litry zimnej wody na dużym ogniu. Dodaj cavatelli i 2 łyżki soli. Gotuj, mieszając od czasu do czasu, aż makaron będzie miękki, ale nadal lekko ciągnący.

5. Odcedź cavatelli i przełóż do miski, aby podawać na gorąco. Wymieszaj z sosem. Podawać na gorąco.

Cavatelli z kalmarami i szafranem

Cavatelli z Sugo di Calamari

Wychodzi 6 porcji

Lekko żucia konsystencja kalmarów uzupełnia żucie cavatelli w tej współczesnej sycylijskiej recepturze. Gładką, aksamitną konsystencję sos uzyskuje dzięki mieszance mąki i oliwy z oliwek, a piękny żółty kolor zawdzięcza szafranowi.

1 łyżeczka nitek szafranu

2 łyżki ciepłej wody

1 średnia cebula, drobno posiekana

2 ząbki czosnku, bardzo drobno posiekane

5 łyżek oliwy z oliwek

1 czysty funt<u>kalmary</u>(kałamarnice), pokroić w pierścienie o średnicy 1 cala (2,5 cm).

1 1/2 szklanki wytrawnego białego wina

Sól i świeżo mielony czarny pieprz

1 łyżka mąki

1 funt świeżego lub mrożonego cavatelli

1 1/4 szklanki posiekanej świeżej pietruszki

Oliwa z oliwek z pierwszego tłoczenia

1. Rozdrobnij szafran w ciepłej wodzie i zachowaj.

dwa. Na patelni wystarczająco dużej, aby pomieścić cały makaron, smaż cebulę i czosnek na 4 łyżkach oleju na średnim ogniu, aż cebula się lekko zrumieni, około 10 minut. Dodaj kalmary i gotuj, mieszając, aż kalmary będą nieprzejrzyste, około 2 minut. Dodać wino oraz sól i pieprz do smaku. Doprowadzić do wrzenia i gotować przez 1 minutę.

3. Pozostałą łyżkę oleju mieszamy z mąką. Dodaj mieszankę do kałamarnicy. Doprowadzić do wrzenia. Dodaj mieszaninę szafranu i gotuj przez kolejne 5 minut.

cztery. W międzyczasie zagotuj co najmniej 4 litry wody. Dodaj makaron i 2 łyżki soli. Dobrze wymieszać. Gotuj na dużym ogniu, często mieszając, aż makaron będzie miękki, ale lekko ugotowany. Odcedź makaron, ale zachowaj trochę płynu z gotowania.

5. Wymieszaj makaron na patelni z kałamarnicą. Dodaj trochę zarezerwowanej wody do gotowania, jeśli mieszanina wydaje się sucha. Dodaj pietruszkę i dobrze wymieszaj. Zdjąć z ognia i skropić odrobiną oliwy z oliwek z pierwszego tłoczenia. Natychmiast podawaj.

Cavatelli z rukolą i pomidorem

Cavatelli z Rughettą i Pomodorim

Przepis na 4 do 6 porcji

Rukola jest bardziej znana jako zielona sałata, ale w Apulii jest często gotowana lub, jak w tym przepisie, dodawana do ciepłej zupy lub dania z makaronu w ostatniej chwili, aby zwiędła. Podoba mi się pikantny, orzechowy smak, który dodaje.

1 1/4 szklanki oliwy z oliwek

2 ząbki czosnku drobno posiekane

2 funty dojrzałych pomidorów śliwkowych, obranych, pozbawionych nasion i posiekanych lub 1 puszka (28 uncji) importowanych włoskich pomidorów bez skórki z sokiem

Sól i świeżo mielony czarny pieprz

1 funt świeżego lub mrożonego cavatelli

1/2 szklanki startej ricotta salata lub Pecorino Romano

1 duży pęczek rukoli, przycięty i pokrojony na małe kawałki (około 2 filiżanek)

1. Na patelni wystarczająco dużej, aby pomieścić wszystkie składniki, smaż czosnek na oleju na średnim ogniu, aż lekko się zrumieni, około 2 minut. Dodać pomidory oraz sól i pieprz do smaku. Doprowadzić sos do wrzenia i gotować, aż zgęstnieje, około 20 minut.

dwa. Zagotuj co najmniej 4 litry wody. Dodać makaron i sól do smaku. Dobrze wymieszać. Gotuj na dużym ogniu, często mieszając, aż makaron się ugotuje. Odcedź makaron, ale zachowaj trochę płynu z gotowania.

3. Dodaj makaron do sosu pomidorowego z połową sera. Dodać rukolę i dobrze wymieszać. Dodaj trochę wody z gotowania, jeśli makaron wydaje się zbyt suchy. Posypać pozostałym serem i od razu podawać.

Orecchiette z ragout wieprzowym

Orecchiette z Ragù di Maiale

Przepis na 6 do 8 porcji

Moja przyjaciółka Dora Marzovilla pochodzi z Rutigliano, niedaleko Bari. Jest ekspertem w robieniu makaronu i wiele się nauczyłem, obserwując ją. Dora ma specjalną drewnianą deskę do makaronu, która służy wyłącznie do robienia makaronu. Podczas gdy Dora robi wiele rodzajów świeżych makaronów, takich jak gnocchi, cavatelli, ravioli i maloreddus, jej specjalnością jest orecchiette z sardyńskiego szafranu dla jej rodzinnej restauracji I Trulli w Nowym Jorku.

Przygotowanie orecchiette jest bardzo podobne do przygotowania cavatelli. Główna różnica polega na tym, że skorupa makaronu ma bardziej otwarty kształt kopuły, coś w rodzaju odwróconego frisbee lub, we włoskiej wyobraźni, małych uszu, stąd ich nazwa.

   1 przepis<u>ciasto z semoliny</u>

   3 filiżanki<u>Wieprzowe ragout ze świeżymi ziołami</u>

1 1/2 szklanki świeżo startego Pecorino Romano

1. Przygotuj ragu i ciasto. Przygotuj 2 duże blachy do pieczenia posypane mąką. Pokrój ciasto na 1/2-calowe kawałki. Trzymaj mały nóż z tępym ostrzem i zaokrągloną końcówką z palcem wskazującym dociśniętym do ostrza. Spłaszczyć każdy kawałek ciasta czubkiem noża, lekko dociskając i przeciągając, aby ciasto utworzyło dysk. Odwróć każdy dysk nad czubkiem kciuka, tworząc kształt kopuły.

dwa. Podziel kawałki na przygotowane patelnie. Powtórz z pozostałym ciastem. (Jeśli nie używasz orecchiette w ciągu 1 godziny, umieść zapiekanki w zamrażarce. Jeśli kawałki są twarde, włóż je do plastikowej torby i szczelnie zamknij. Nie rozmrażaj przed gotowaniem.)

3. Zagotuj co najmniej 4 litry wody. Dodać makaron i sól do smaku. Dobrze wymieszać. Gotuj na dużym ogniu, często mieszając, aż makaron będzie al dente, miękki, ale twardy, gdy go wgryziesz. Odcedź makaron, ale zachowaj trochę płynu z gotowania.

cztery. Dodaj makaron do ragu. Dodaj ser i dobrze wymieszaj, dodając trochę wody z gotowania, jeśli sos wydaje się zbyt gęsty. Natychmiast podawaj.

Orecchiette Z Brokułami Rabe

Orecchiette z Cime di Monkfish

Przepis na 4 do 6 porcji

To prawie oficjalne danie Apulii i nie znajdziesz go nigdzie indziej. Wymaga rabe brokułowego, zwanego także rapini, chociaż można również użyć rzepy, musztardy, kapusty kapustnej lub zwykłych brokułów. Rabe brokułowa ma długie łodygi i liście oraz przyjemnie gorzki smak, chociaż gotowanie łagodzi i nieco zmiękcza gorycz.

1 pęczek rabe brokułów (około 1 1/2 funta), pokrojony na 1-calowe kawałki

Słony

1/3 szklanki oliwy z oliwek

4 ząbki czosnku

8 filetów anchois

szczypta mielonej czerwonej papryki

1 funt świeżego orecchiette lub cavatelli

1. Doprowadź duży garnek wody do wrzenia. Dodaj rabe z brokułów i sól do smaku. Brokuły gotujemy przez 5 minut, a następnie odcedzamy. Powinien być nadal twardy.

dwa. Wysusz słoik. Rozgrzej olej z czosnkiem na średnim ogniu. Dodać anchois i czerwoną paprykę. Gdy czosnek nabierze złotego koloru, dodaj rabe z brokułów. Gotuj, dobrze mieszając, aby brokuły pokryły się olejem, aż będą miękkie, około 5 minut.

3. Zagotuj co najmniej 4 litry wody. Dodać makaron i sól do smaku. Dobrze wymieszać. Gotuj na dużym ogniu, często mieszając, aż makaron będzie al dente, miękki, ale twardy, gdy go wgryziesz. Odcedź makaron, ale zachowaj trochę płynu z gotowania.

cztery. Dodaj makaron do rabe brokułowego. gotuj, mieszając, przez 1 minutę lub do momentu, aż makaron będzie dobrze wymieszany. W razie potrzeby dodaj trochę wody z gotowania.

Zmiana: Usuń sardele. Makaron podawaj posypany posiekanymi prażonymi migdałami lub startym Pecorino Romano.

Zmiana: Usuń sardele. Zdjąć osłonki z 2 włoskich kiełbasek. Mięso drobno posiekać i ugotować razem z czosnkiem, ostrą papryką i rabe brokułową. Podawać posypane Pecorino Romano.

Orecchiette Z Kalafiorem I Pomidorami

Orecchiette z Cavolfiore i Pomodori

Przepis na 4 do 6 porcji

Krewny z Sycylii nauczył mnie robić ten makaron, ale jest on również spożywany w Apulii. Jeśli chcesz, bułkę tartą możesz zastąpić tartym serem.

1/3 szklanki plus 2 łyżki oliwy z oliwek

1 ząbek czosnku drobno posiekany

3 funty pomidorów śliwkowych, obranych, pozbawionych nasion i posiekanych lub 1 puszka (28 uncji) importowanych włoskich pomidorów bez skórki, z sokami, posiekanych

1 średni kalafior, oczyszczony i podzielony na różyczki

Sól i świeżo mielony czarny pieprz

3 łyżki suchej bułki tartej

2 anchois, pokrojone w plastry (opcjonalnie)

1 funt świeżego orecchiette

1. Na patelni wystarczająco dużej, aby pomieścić wszystkie składniki, smaż czosnek w 1/3 szklanki oliwy z oliwek na średnim ogniu, aż uzyskasz złoty kolor. Dodać pomidory oraz sól i pieprz do smaku. Doprowadzić do wrzenia i gotować przez 10 minut.

dwa. Dodaj kalafior. Przykryj i gotuj, mieszając od czasu do czasu, aż kalafior będzie bardzo miękki, około 25 minut. Rozgnieć trochę kalafiora grzbietem łyżki.

3. Na małej patelni rozgrzej pozostałe 2 łyżki oleju na średnim ogniu. W razie potrzeby dodaj bułkę tartą i anchois. Smażyć, mieszając, aż okruchy się zrumienią i olej się wchłonie.

cztery. Zagotuj co najmniej 4 litry wody. Dodać makaron i sól do smaku. Gotuj, często mieszając, aż makaron będzie al dente, miękki, ale twardy. Odcedź makaron, ale zachowaj trochę płynu z gotowania.

5. Makaron wymieszać z sosem pomidorowym i kalafiorem. W razie potrzeby dodaj trochę wody z gotowania. Posypać bułką tartą i od razu podawać.

Orecchiette z kiełbasą i kapustą

Orecchiette z Salsiccią i Cavolo

Wychodzi 6 porcji

Kiedy moja koleżanka Domenica Marzovilla wróciła z wycieczki do Toskanii, opisała mi ten makaron, który jadła u koleżanki. Brzmiało to tak prosto i dobrze, że poszedłem do domu i zrobiłem to.

2 łyżki oliwy z oliwek

8 uncji słodkiej kiełbasy wieprzowej

8 uncji gorącej kiełbasy wieprzowej

2 szklanki importowanych włoskich pomidorów z puszki, odsączonych i posiekanych

Słony

1 funt kapusty włoskiej (około 1/2 średniej główki)

1 funt świeżego orecchiette lub cavatelli

1. Rozgrzej olej w średnim rondlu na średnim ogniu. Dodaj kiełbaski i gotuj, aż zbrązowieją ze wszystkich stron, około 10 minut.

dwa. Dodaj pomidory i szczyptę soli. Doprowadzić do wrzenia i gotować, aż sos zgęstnieje, około 30 minut.

3. Odetnij rdzeń kapusty. Pokrój kapustę w cienkie paski.

cztery. Doprowadź duży garnek wody do wrzenia. Dodaj kapustę i gotuj przez 1 minutę po ponownym zagotowaniu wody. Wydrąż kapustę łyżką cedzakową. Dobrze odcedź. Zachowaj wodę do gotowania.

5. Zdejmij kiełbaski na deskę do krojenia, pozostawiając sos na patelni. Dodaj kapustę do sosu; gotować przez 15 minut. Kiełbasę pokroić w cienkie plasterki.

6. Ponownie zagotuj wodę i ugotuj makaron z solą do smaku. Dobrze odcedź i wymieszaj z kiełbasą i sosem. Podawać na gorąco.

Orecchiette z miecznikiem

Orecchiette z Pesce Spadą

Przepis na 4 do 6 porcji

W razie potrzeby miecznika można zastąpić tuńczykiem lub rekinem. Solenie bakłażana usuwa niektóre gorzkie soki i poprawia teksturę, chociaż wielu kucharzy uważa ten krok za niepotrzebny. Zawsze dodaję soli, ale wybór należy do ciebie. Bakłażan można ugotować kilka godzin przed makaronem. Po prostu podgrzej go na blasze do pieczenia w piekarniku o temperaturze 350 ° F przez około 10 minut przed podaniem. Ten sycylijski makaron jest niezwykły we włoskiej kuchni, ponieważ chociaż sos zawiera ryby, to jest wykończony serem, co dodaje mu soczystości.

1 duży lub 2 małe bakłażany (około 1 1/2 funta)

Sól gruboziarnista

Olej kukurydziany lub inny olej roślinny do smażenia

3 łyżki oliwy z oliwek

1 duży ząbek czosnku, bardzo drobno posiekany

2 zielone cebule, drobno posiekane

8 uncji miecznika lub innego mięsistego fileta rybnego (o grubości około 1/2 cala), usuniętej skóry, pokrojonego na 1/2-calowe kawałki

świeżo zmielony czarny pieprz do smaku

2 łyżki białego octu winnego

2 szklanki obranych, pozbawionych nasion i pokrojonych świeżych pomidorów lub posiekanych importowanych włoskich pomidorów z puszki wraz z sokiem

1 łyżeczka świeżych liści oregano, posiekanych lub szczypta suszonego oregano

1 funt świeżego orecchiette lub cavatelli

1/3 filiżanki świeżo startego Pecorino Romano

1. Pokrój bakłażana w 1-calową kostkę. Umieść kawałki w durszlaku na talerzu i posyp obficie solą. Odstaw na 30 minut do 1 godziny. Szybko opłucz kawałki bakłażana. Umieść kawałki na papierze kuchennym i ściśnij je, aż wyschną.

dwa. Na dużej, głębokiej patelni na średnim ogniu rozgrzej około 1/2 cala oleju. Aby przetestować olej, ostrożnie umieść w nim mały kawałek bakłażana. Gdy skwierczy i szybko się ugotuje, dodaj tyle bakłażana, aby utworzyć jedną warstwę. Nie napełniaj słoika. Gotuj, mieszając od czasu do czasu, aż bakłażan będzie chrupiący i złocistobrązowy, około 5 minut. Wyjmij kawałki łyżką cedzakową. Dobrze odsączyć na papierze kuchennym. Powtórz z pozostałym bakłażanem. Odłożyć.

3. Na średniej patelni na średnim ogniu smaż oliwę z oliwek z czosnkiem i dymką przez 30 sekund. Dodać rybę i oprószyć solą i pieprzem. Gotuj, mieszając od czasu do czasu, aż ryba nie będzie już różowa, około 5 minut. Dodaj ocet i gotuj przez 1 minutę. Dodaj pomidory i oregano. Doprowadzić do wrzenia i gotować przez 15 minut lub do momentu, aż lekko zgęstnieje.

cztery. W międzyczasie zagotuj duży garnek zimnej wody. Dodaj sól do smaku i makaron. Gotuj, mieszając od czasu do czasu, aż będzie al dente, miękki, ale jędrny. Dobrze odcedź.

5. Połącz makaron, sos i bakłażan w dużej, gorącej misce. Dobrze wymieszaj. Dodaj ser. Podawać na gorąco.

Ryż, mąka kukurydziana i inne zboża

Spośród wielu rodzajów zbóż uprawianych i używanych we Włoszech, najbardziej rozpowszechniona jest mąka ryżowa i kukurydziana. Farro, kuskus i jęczmień to przysmaki regionalne, podobnie jak jagody pszenicy.

Ryż został po raz pierwszy sprowadzony do Włoch z Bliskiego Wschodu. Szczególnie dobrze rośnie w północnych Włoszech, zwłaszcza w regionach Piemontu i Emilii-Romanii.

Włoscy kucharze są bardzo specyficzni co do preferowanego rodzaju średnioziarnistego ryżu, chociaż różnice między odmianami mogą być subtelne. Wielu kucharzy określa jeden typ dla risotto z owocami morza, a inny dla risotto z warzywami. Często preferencje są regionalne lub po prostu tradycyjne, chociaż każda odmiana ma specyficzne cechy. Ryż Carnaroli dobrze zachowuje swój kształt i sprawia, że risotto jest nieco bardziej kremowe. Vialone Nano gotuje szybciej i ma łagodniejszy smak. Arborio jest najbardziej znanym i szeroko dostępnym, ale smak jest mniej subtelny. Najlepiej nadaje się do risotto przygotowanego z mocno aromatyzowanych składników. Każda z tych trzech odmian może być wykorzystana w przepisach na risotto z tej książki.

Kukurydza to stosunkowo nowe zboże we Włoszech. Dopiero po europejskiej eksploracji Nowego Świata kukurydza dotarła do Hiszpanii, a stamtąd rozprzestrzeniła się na cały kontynent. Kukurydza jest łatwa i tania w uprawie, więc wkrótce zaczęto ją powszechnie sadzić. Większość z nich jest uprawiana na paszę dla zwierząt, ale mąka kukurydziana, zarówno biała, jak i żółta, jest najczęściej używana do produkcji polenty. Rzadko można znaleźć kolbę kukurydzy spożywaną we Włoszech, z wyjątkiem Neapolu, gdzie sprzedawcy czasami sprzedają prażoną kukurydzę jako jedzenie uliczne. Rzymianie czasami dodają do sałatek ziarna kukurydzy z puszki, ale to egzotyczna rzadkość.

Ziarna farro i pszenicy są najbardziej rozpowszechnione w środkowych i południowych Włoszech, gdzie są uprawiane. Farro, starożytna odmiana pszenicy, jest uważana przez Włochów za zdrową żywność. Znakomicie sprawdza się w zupach, sałatkach i innych przetworach.

Jęczmień to starożytne zboże, które dobrze rośnie w chłodniejszych regionach północnych. Rzymianie karmili swoje armie jęczmieniem i innymi zbożami. Gotowano z niego owsiankę lub zupę znaną jako puls, prawdopodobnie poprzednik polenty. Obecnie jęczmień występuje głównie w północno-wschodnich Włoszech w pobliżu Austrii, gotowany jako risotto lub dodawany do zup.

Kuskus, zrobiony z mąki z pszenicy durum, zawijany w małe kulki, jest typowy dla zachodniej Sycylii i jest pozostałością po arabskich rządach w regionie sprzed wieków. Zwykle gotuje się go z bulionem z owoców morza lub mięsem.

RYŻ

Ryż jest uprawiany w północnych Włoszech w regionach Piemontu i Emilii-Romanii i jest podstawowym pożywieniem często spożywanym jako przystawka zamiast makaronu lub zupy. Klasyczna metoda gotowania ryżu jest jak risotto, to mój pomysł na ryż w niebie!

Jeśli nigdy wcześniej tego nie robiłeś, technika risotto może wydawać się niezwykła. Żadna inna kultura nie przygotowuje ryżu tak jak Włosi, chociaż technika jest podobna do robienia pilawu, gdzie ryż jest smażony, a następnie gotowany, a płyn z gotowania wchłaniany. Chodzi o to, aby ryż ugotować w taki sposób, aby uwolnił skrobię i utworzył kremowy sos. Gotowy ryż powinien być miękki, ale twardy do ugryzienia, al dente. Ziarna wchłonęły smaki innych składników i są otoczone kremowym płynem. Aby uzyskać najlepsze rezultaty, risotto należy zjeść natychmiast po ugotowaniu, w przeciwnym razie może stać się suche i papkowate.

Risotto najlepiej smakuje przygotowane w domu. Niewiele restauracji może poświęcić tyle czasu na gotowanie risotto, ile potrzeba, choć to niewiele. W wielu kuchniach restauracyjnych ryż jest nawet częściowo wstępnie gotowany, a następnie schładzany. Kiedy ktoś zamawia risotto, ryż jest podgrzewany i dodaje się płyn z niezbędnymi aromatami, aby dokończyć gotowanie.

Gdy zrozumiesz procedurę, przygotowanie risotto jest dość łatwe i można je dostosować do wielu różnych kombinacji składników. Pierwszym krokiem w przygotowaniu risotto jest wybór odpowiedniego rodzaju ryżu. Ryż długoziarnisty, powszechnie spotykany w Stanach Zjednoczonych, nie nadaje się do robienia risotto, ponieważ nie zawiera odpowiedniego rodzaju skrobi. Ryż średnioziarnisty, zwykle sprzedawany jako odmiany Arborio, Carnaroli lub Vialone Nano, zawiera rodzaj skrobi, która jest uwalniana z ziaren podczas gotowania i mieszania z bulionem lub innym płynem. Skrobia wiąże się z płynem i staje się kremowa.

Ryż średnioziarnisty importowany z Włoch jest szeroko dostępny w supermarketach. Jest również uprawiany w Stanach Zjednoczonych i jest teraz łatwy do znalezienia.

Będziesz także potrzebował dobrego bulionu drobiowego, mięsnego, rybnego lub warzywnego. Preferowane jest domowe, ale można użyć bulionu z puszki (lub pudełka). Uważam, że bulion kupiony w sklepie jest zbyt mocny, aby używać go prosto z pojemnika i często rozcieńczam go wodą. Pamiętaj, że o ile nie używasz odmiany o niskiej zawartości sodu, pakowane buliony zawierają dużo soli, więc odpowiednio dostosuj dodaną sól. Kostki bulionowe są bardzo słone i sztucznie aromatyzowane, więc ich nie używam.

białe risotto

Risotto w kolorze białym

Wychodzi 4 porcje

To łatwe białe risotto jest tak proste i satysfakcjonujące jak lody waniliowe. Podawać jako przystawkę lub dodatek do grillowanego mięsa. Jeśli masz świeżą truflę, spróbuj ogolić ją na gotowym risotto, aby uzyskać luksusowy akcent. W takim przypadku musisz usunąć ser.

4 filiżanki <u>Bulion mięsny</u>Lub<u>Rosół</u>

4 łyżki niesolonego masła

1 łyżka oliwy z oliwek

1/4 szklanki posiekanej szalotki lub cebuli

1 1/2 szklanki średniego ryżu, takiego jak Arborio, Carnaroli lub Vialone Nano

1 1/2 szklanki wytrawnego białego wina lub wina musującego

Sól i świeżo mielony czarny pieprz

1/2 szklanki świeżo startego Parmigiano-Reggiano

1. W razie potrzeby przygotuj bulion. Doprowadzić bulion do wrzenia na średnim ogniu i zmniejszyć ogień, aby bulion pozostał ciepły. W szerokim, ciężkim rondlu rozpuść 3 łyżki masła z olejem na średnim ogniu. Dodaj szalotki i gotuj, aż zmiękną, ale nie zbrązowieją, około 5 minut.

dwa. Dodaj ryż i mieszaj drewnianą łyżką, aż będzie gorący, około 2 minut. Dodaj wino i gotuj, mieszając, aż większość płynu odparuje.

3. Ryż zalać 1/2 szklanki bulionu. Gotować, mieszając, aż większość płynu zostanie wchłonięta. Kontynuuj dodawanie bulionu około 1/2 szklanki na raz, mieszając po każdym dodaniu. Dostosuj ciepło, aby płyn szybko się zagotował, ale ryż nie przyklejał się do garnka. W połowie gotowania dodaj sól i pieprz do smaku.

cztery. Używaj tylko tyle bulionu, ile potrzebujesz, aż ryż będzie miękki, ale jędrny, a risotto będzie kremowe. Kiedy uznasz, że jesteś gotowy, spróbuj ziaren. Jeśli nie jesteś gotowy, spróbuj ponownie wykonać test za mniej więcej minutę. Jeśli bulion skończy się przed ugotowaniem ryżu, użyj gorącej wody. Czas gotowania wyniesie od 18 do 20 minut.

5. Zdejmij patelnię z risotto z ognia. Mieszaj z pozostałą łyżką masła i serem, aż się roztopi i uzyska kremową konsystencję. Natychmiast podawaj.

Szafranowe risotto po mediolańsku

Risotto Alla Milanese

Przepis na 4 do 6 porcji

Risotto o smaku złotego szafranu to klasyczny mediolański dodatek do Osso Buco (zobUdziec cielęcy po mediolańsku). Dodanie szpiku z dużych kości wołowych do risotto nadaje mu bogaty, mięsisty smak i jest tradycyjne, ale risotto może się bez niego obejść.

6 filiżanekRosółLubBulion mięsny

1/2 łyżeczki pokruszonych nitek szafranu

4 łyżki niesolonego masła

2 łyżki szpiku wołowego (opcjonalnie)

2 łyżki oliwy z oliwek

1 mała cebula, bardzo drobno posiekana

2 szklanki (około 1 funta) średniego ryżu, takiego jak Arborio, Carnaroli lub Vialone Nano

Sól i świeżo mielony czarny pieprz

1/2 szklanki świeżo startego Parmigiano-Reggiano

1. W razie potrzeby przygotuj bulion. Doprowadzić bulion do wrzenia na średnim ogniu i zmniejszyć ogień, aby bulion pozostał ciepły. Usuń 1/2 szklanki bulionu i umieść w małej misce. Dodaj szafran i pozostaw na chwilę do namoczenia.

dwa. W szerokim, ciężkim rondlu podgrzej na średnim ogniu 2 łyżki masła, dowolny szpik i olej. Gdy masło się roztopi, dodać cebulę i smażyć, często mieszając, przez około 10 minut, aż uzyska złoty kolor.

3. Dodaj ryż i gotuj, mieszając drewnianą łyżką, aż będzie gorący, około 2 minut. Dodaj 1/2 szklanki gorącego bulionu i mieszaj, aż płyn się wchłonie. Kontynuuj dodawanie bulionu po 1/2 szklanki na raz, mieszając po każdym dodaniu. Dostosuj ciepło, aby płyn szybko się zagotował, ale ryż nie przyklejał się do garnka. Dodaj mieszaninę szafranu oraz sól i pieprz do smaku w połowie czasu gotowania.

cztery. Używaj tylko tyle bulionu, ile potrzebujesz, aż ryż będzie miękki, ale twardy do gryzienia. Kiedy uznasz, że jesteś gotowy, spróbuj ziaren. Jeśli nie jesteś gotowy, spróbuj ponownie wykonać test za mniej więcej minutę. Jeśli bulion skończy się przed ugotowaniem ryżu, użyj gorącej wody. Czas gotowania wyniesie od 18 do 20 minut.

5. Zdejmij patelnię do risotto z ognia i dodaj pozostałe 2 łyżki masła i sera, aż się roztopi i uzyska kremową konsystencję. Natychmiast podawaj.

risotto ze szparagami

Risotto z Aspergesem

Wychodzi 6 porcji

Region Veneto słynie z pięknych białych szparagów z lawendowymi końcówkami. Aby uzyskać delikatny kolor, szparagi są przykryte podczas wzrostu, aby nie były narażone na działanie promieni słonecznych i nie tworzyły chlorofilu. Białe szparagi mają delikatny smak i są delikatniejsze niż zielona odmiana. Białe szparagi są idealne do tego risotto, ale można je również zrobić ze zwykłą zieloną odmianą, a smak nadal będzie wspaniały.

5 filiżanek Rosół

1 funt świeżych szparagów, posiekanych

4 łyżki niesolonego masła

1 mała cebula drobno posiekana

2 szklanki średniego ryżu, takiego jak Arborio, Carnaroli lub Vialone Nano

1 1/2 szklanki wytrawnego białego wina

Sól i świeżo mielony czarny pieprz

3/4 szklanki świeżo startego Parmigiano-Reggiano

1. W razie potrzeby przygotuj bulion. Doprowadzić bulion do wrzenia na średnim ogniu i zmniejszyć ogień, aby bulion pozostał gorący. Odetnij końce szparagów i odłóż na bok. Pokrój łodygi na 1/2-calowe plastry.

dwa. Rozpuść 3 łyżki masła w szerokim, ciężkim rondlu. Dodaj cebulę i gotuj na średnim ogniu, od czasu do czasu mieszając, aż zmięknie i uzyska złoty kolor, około 10 minut.

3. Dodaj szparagi. Gotuj, mieszając od czasu do czasu, 5 minut.

cztery. Dodaj ryż i gotuj, mieszając drewnianą łyżką, aż będzie gorący, około 2 minut. Dodaj wino i gotuj, ciągle mieszając, aż płyn odparuje. Ryż zalać 1/2 szklanki bulionu. Gotować, mieszając, aż większość płynu zostanie wchłonięta.

5. Kontynuuj dodawanie bulionu około 1/2 szklanki na raz, mieszając po każdym dodaniu. Dostosuj ciepło, aby płyn szybko się zagotował, ale ryż nie przyklejał się do garnka. Po około 10 minutach dodaj główki szparagów. Dopraw solą i pieprzem. Używaj tylko tyle bulionu, ile potrzebujesz, aż ryż

będzie miękki, ale jędrny, a risotto będzie kremowe. Kiedy uznasz, że jesteś gotowy, spróbuj ziaren. Jeśli nie jesteś gotowy, spróbuj ponownie wykonać test za mniej więcej minutę. Jeśli bulion skończy się przed ugotowaniem ryżu, użyj gorącej wody. Czas gotowania wyniesie od 18 do 20 minut.

6.Zdejmij patelnię z risotto z ognia. Dodaj ser i pozostałą łyżkę masła. Zasmakuj w ziołach. Natychmiast podawaj.

Risotto z czerwoną papryką

Risotto z Pepperoni Rossi

Wychodzi 6 porcji

W szczycie sezonu, kiedy jaskrawoczerwona papryka jest zapełniona stosami w warzywniakach, jestem zainspirowany do wykorzystania ich na tak wiele sposobów. Jego słodki, łagodny smak i piękny kolor sprawiają, że wszystko, od tortilli po makarony, zupy, sałatki i gulasze, smakuje lepiej. Nie jest to tradycyjny przepis, ale przyszedł mi do głowy pewnego dnia, gdy szukałam nowego sposobu na wykorzystanie czerwonej papryki. Żółta lub pomarańczowa papryka również dobrze sprawdza się w tym przepisie.

5 filiżanek<u>Rosół</u>

3 łyżki niesolonego masła

1 łyżka oliwy z oliwek

1 mała cebula drobno posiekana

2 czerwone papryki, pozbawione nasion i drobno posiekane

2 szklanki średniego ryżu, takiego jak Arborio, Carnaroli lub Vialone Nano

Sól i świeżo mielony czarny pieprz

1/2 szklanki świeżo startego Parmigiano-Reggiano

1. W razie potrzeby przygotuj bulion. Doprowadzić bulion do wrzenia na średnim ogniu i zmniejszyć ogień, aby bulion pozostał ciepły. W szerokim, ciężkim rondlu podgrzej na średnim ogniu 2 łyżki masła i olej. Gdy masło się roztopi, dodać cebulę i smażyć, często mieszając, przez około 10 minut, aż uzyska złoty kolor. Dodaj paprykę i gotuj przez kolejne 10 minut.

dwa. Dodaj ryż i mieszaj drewnianą łyżką, aż będzie gorący, około 2 minut. Dodaj 1/2 szklanki gorącego bulionu i mieszaj, aż płyn się wchłonie. Kontynuuj dodawanie bulionu po 1/2 szklanki na raz, mieszając po każdym dodaniu. Dostosuj ciepło, aby płyn szybko się zagotował, ale ryż nie przyklejał się do garnka. W połowie gotowania dodać sól i pieprz do smaku.

3. Używaj tylko tyle bulionu, ile potrzebujesz, aż ryż będzie miękki, ale jędrny, a risotto będzie kremowe. Kiedy uznasz, że jesteś gotowy, spróbuj ziaren. Jeśli nie jesteś gotowy, spróbuj ponownie wykonać test za mniej więcej minutę. Jeśli płyn wypłynie zanim ryż będzie gotowy, zagotuj go gorącą wodą. Czas gotowania wyniesie od 18 do 20 minut.

cztery. Zdejmij patelnię z risotto z ognia. Dodaj pozostałą łyżkę masła i sera, aż się roztopi i uzyska kremową konsystencję. Smak dla przypraw. Natychmiast podawaj.

Risotto z pomidorami i rukolą

Risotto z pomodori i rukolą

Wychodzi 6 porcji

Świeże pomidory, bazylia i rukola sprawiają, że to risotto to kwintesencja lata. Lubię podawać go ze schłodzonym białym winem, takim jak Furore de Campania od producenta Matilde Cuomo.

5 filiżanek Rosół

1 duży pęczek rukoli, oczyszczony i wypłukany

3 łyżki oliwy z oliwek

1 mała cebula drobno posiekana

2 funty dojrzałych pomidorów śliwkowych, obranych, pozbawionych nasion i posiekanych

2 szklanki średniego ryżu, takiego jak Arborio, Carnaroli lub Vialone Nano

Sól i świeżo mielony czarny pieprz

1/2 szklanki świeżo startego Parmigiano-Reggiano

2 łyżki posiekanej świeżej bazylii

1 łyżka oliwy z oliwek extra virgin

1. W razie potrzeby przygotuj bulion. Doprowadzić bulion do wrzenia na średnim ogniu i zmniejszyć ogień, aby bulion pozostał ciepły. Liście rukoli pokroić na małe kawałki. Powinieneś mieć około 2 filiżanek.

dwa. Wlej olej do szerokiej, ciężkiej patelni. Dodaj cebulę i gotuj na średnim ogniu, od czasu do czasu mieszając drewnianą łyżką, aż cebula będzie bardzo miękka i złocistobrązowa, około 10 minut.

3. Dodaj pomidory. Gotuj, mieszając od czasu do czasu, aż większość soku odparuje, około 10 minut.

cztery. Dodaj ryż i gotuj, mieszając drewnianą łyżką, aż będzie gorący, około 2 minut. Ryż zalać 1/2 szklanki bulionu. Gotować i mieszać, aż większość płynu zostanie wchłonięta.

5. Kontynuuj dodawanie bulionu około 1/2 szklanki na raz, mieszając po każdym dodaniu. Dostosuj ciepło, aby płyn

szybko się zagotował, ale ryż nie przyklejał się do garnka. W połowie gotowania doprawiamy solą i pieprzem. Używaj tylko tyle bulionu, ile potrzebujesz, aż ryż będzie miękki, ale jędrny, a risotto będzie kremowe. Kiedy uznasz, że jesteś gotowy, spróbuj ziaren. Jeśli nie jesteś gotowy, spróbuj ponownie wykonać test za mniej więcej minutę. Jeśli bulion skończy się przed ugotowaniem ryżu, użyj gorącej wody. Czas gotowania wyniesie od 18 do 20 minut.

6. Zdejmij patelnię z risotto z ognia. Dodaj ser, bazylię i łyżkę oliwy z oliwek z pierwszego tłoczenia. Zasmakuj w ziołach. Dodaj rukolę i natychmiast podawaj.

Risotto z czerwonym winem i radicchio

Risotto Radicchio

Wychodzi 6 porcji

Radicchio, członek rodziny cykorii, jest uprawiany w Veneto. Podobnie jak endywia, z którą jest spokrewniona, radicchio ma lekko gorzki, ale słodki smak. Choć postrzegamy ją głównie jako kolorowy dodatek do salaterki, Włosi często przyrządzają radicchio. Można go pokroić w ćwiartki i grillować, lub liście można owinąć wokół nadzienia i upiec jako przystawkę. Intensywny czerwony kolor wina zmienia się po ugotowaniu w ciemny mahoniowy brąz. Zjadłam to risotto w Il Cenacolo, restauracji w Weronie, która oferuje tradycyjne przepisy.

5 filiżanek<u>Rosół</u>Lub<u>Bulion mięsny</u>

1 średni radicchio (około 12 uncji)

2 łyżki oliwy z oliwek

2 łyżki niesolonego masła

1 mała cebula drobno posiekana

1 1/2 szklanki wytrawnego czerwonego wina

2 szklanki średniego ryżu, takiego jak Arborio, Carnaroli lub Vialone Nano

Sól i świeżo mielony czarny pieprz

1/2 szklanki świeżo startego Parmigiano-Reggiano

1. W razie potrzeby przygotuj bulion. Doprowadzić bulion do wrzenia na średnim ogniu i zmniejszyć ogień, aby bulion pozostał ciepły. Przytnij radicchio i pokrój w plastry o grubości około 1 cala. Pokrój plastry na 1-calowe kawałki.

dwa. W szerokim, ciężkim rondlu rozgrzej olej z 1 łyżką masła na średnim ogniu. Gdy masło się rozpuści, dodaj cebulę i gotuj, mieszając od czasu do czasu, aż cebula będzie bardzo miękka, około 10 minut.

3. Zwiększ ogień do średniego, dodaj radicchio i gotuj do miękkości, około 10 minut.

cztery. Dodaj ryż. Dodaj wino i gotuj, mieszając, aż większość płynu zostanie wchłonięta. Ryż zalać 1/2 szklanki bulionu. Gotować i mieszać, aż większość płynu zostanie wchłonięta.

5. Kontynuuj dodawanie bulionu około 1/2 szklanki na raz, mieszając po każdym dodaniu. Dostosuj ciepło, aby płyn szybko się zagotował, ale ryż nie przyklejał się do garnka. W połowie gotowania doprawiamy solą i pieprzem. Używaj tylko tyle bulionu, ile potrzebujesz, aż ryż będzie miękki, ale jędrny, a risotto będzie kremowe. Kiedy uznasz, że jesteś gotowy, spróbuj ziaren. Jeśli nie jesteś gotowy, spróbuj ponownie wykonać test za mniej więcej minutę. Jeśli bulion skończy się przed ugotowaniem ryżu, użyj gorącej wody. Czas gotowania wyniesie od 18 do 20 minut.

6. Zdejmij patelnię z ognia i dodaj pozostałą łyżkę masła i ser. Zasmakuj w ziołach. Natychmiast podawaj.

Risotto z kremowym kalafiorem

Risotto al Cavolfiore

Wychodzi 6 porcji

W Parmie możesz nie mieć przystawki lub dania głównego, ale nigdy nie chcesz przegapić risotto lub makaronu; są zawsze niesamowicie dobre. To moja wersja risotto, które jadłam kilka lat temu w La Filoma, znakomitej trattorii.

Kiedy pierwszy raz robiłam to risotto, miałam pod ręką tubkę pasty z białych trufli i dodałam trochę pod koniec gotowania. Smak był rewelacyjny. Spróbuj, jeśli znajdziesz pastę truflową.

    4 filiżanki<u>Rosół</u>

4 szklanki kalafiora, pokrojonego w 1/2-calowe różyczki

1 ząbek czosnku drobno posiekany

1 1/2 szklanki mleka

Słony

4 łyżki niesolonego masła

1 1/4 szklanki drobno posiekanej cebuli

2 szklanki średniego ryżu, takiego jak Arborio, Carnaroli lub Vialone Nano

świeżo zmielony czarny pieprz

3/4 szklanki świeżo startego Parmigiano-Reggiano

1. W razie potrzeby przygotuj bulion. Doprowadzić bulion do wrzenia na średnim ogniu i zmniejszyć ogień, aby bulion pozostał ciepły. W średnim rondlu połącz kalafior, czosnek, mleko i szczyptę soli. Doprowadzić do wrzenia. Gotuj, aż większość płynu odparuje, a kalafior będzie miękki, około 10 minut. Utrzymuj bardzo niskie ciepło i od czasu do czasu mieszaj mieszaninę, aby się nie paliła.

dwa. W szerokim, ciężkim rondlu rozgrzej olej z 2 łyżkami masła na średnim ogniu. Gdy masło się rozpuści, dodaj cebulę i gotuj, mieszając od czasu do czasu, aż cebula będzie bardzo miękka i złocistobrązowa, około 10 minut.

3. Dodaj ryż i gotuj, mieszając drewnianą łyżką, aż będzie gorący, około 2 minut. Wlać około 1/2 szklanki bulionu. Gotować i mieszać, aż większość płynu zostanie wchłonięta.

cztery. Kontynuuj dodawanie bulionu po 1/2 szklanki na raz, ciągle mieszając, aż się wchłonie. Dostosuj ciepło, aby płyn szybko się zagotował, ale ryż nie przyklejał się do garnka. W połowie gotowania doprawiamy solą i pieprzem.

5. Gdy ryż jest prawie ugotowany, dodaj mieszankę kalafiora. Używaj tylko tyle bulionu, ile potrzebujesz, aż ryż będzie miękki, ale jędrny, a risotto będzie kremowe. Kiedy uznasz, że jesteś gotowy, spróbuj ziaren. Jeśli nie jesteś gotowy, spróbuj ponownie wykonać test za mniej więcej minutę. Jeśli bulion skończy się przed ugotowaniem ryżu, użyj gorącej wody. Czas gotowania wyniesie od 18 do 20 minut.

6. Zdejmij patelnię z ognia i posmakuj. Dodaj pozostałe 2 łyżki masła i ser. Natychmiast podawaj.

cytrynowe risotto

Cytrynowe Risotto

Wychodzi 6 porcji

Żywy smak świeżej skórki i soku z cytryny rozjaśnia to risotto, które jadłem na Capri. Chociaż Włosi nie robią jej często, ja lubię podawać ją jako dodatek do smażonych przegrzebków lub grillowanej ryby.

5 filiżanek Rosół

4 łyżki niesolonego masła

1 mała cebula drobno posiekana

2 szklanki średniego ryżu, takiego jak Arborio, Carnaroli lub Vialone Nano

Sól i świeżo mielony czarny pieprz

1 łyżka świeżego soku z cytryny

1 łyżeczka skórki z cytryny

1/2 szklanki świeżo startego Parmigiano-Reggiano

1. W razie potrzeby przygotuj bulion. Doprowadzić bulion do wrzenia na średnim ogniu i zmniejszyć ogień, aby bulion pozostał ciepły. W szerokim, ciężkim rondlu rozpuść 2 łyżki masła na średnim ogniu. Dodać cebulę i smażyć, często mieszając, przez około 10 minut, aż nabierze złotego koloru.

dwa. Dodaj ryż i mieszaj drewnianą łyżką, aż będzie gorący, około 2 minut. Dodaj 1/2 szklanki gorącego bulionu i mieszaj, aż płyn się wchłonie.

3. Kontynuuj dodawanie bulionu po 1/2 szklanki na raz, mieszając po każdym dodaniu. Dostosuj ciepło, aby płyn szybko się zagotował, ale ryż nie przyklejał się do garnka. Doprawiamy solą i pieprzem mniej więcej w połowie czasu gotowania.

cztery. Używaj tylko tyle bulionu, ile potrzebujesz, aż ryż będzie miękki, ale jędrny, a risotto będzie kremowe. Kiedy uznasz, że jesteś gotowy, spróbuj ziaren. Jeśli nie jesteś gotowy, spróbuj ponownie wykonać test za mniej więcej minutę. Jeśli bulion skończy się przed ugotowaniem ryżu, użyj gorącej wody. Czas gotowania wyniesie od 18 do 20 minut.

5. Zdejmij patelnię z risotto z ognia. Dodaj sok i skórkę z cytryny, pozostałe 2 łyżki masła i ser. Mieszaj, aż masło i ser się roztopią i uzyskają kremową konsystencję. Zasmakuj w ziołach. Natychmiast podawaj.

Risotto ze szpinakiem

Risotto ze Spinaci

Wychodzi 6 porcji

Jeśli masz trochę świeżej bazylii, dodaj ją zamiast pietruszki. Zamiast szpinaku można użyć innych warzyw, takich jak boćwina lub escarole.

5 filiżanekRosół

1 funt świeżego szpinaku, umytego i odszypułkowanego

1 1/4 szklanki wody

Słony

4 łyżki niesolonego masła

1 średnia cebula, drobno posiekana

2 szklanki (około 1 funta) średniego ryżu, takiego jak Arborio, Carnaroli lub Vialone Nano

świeżo zmielony czarny pieprz

1 1/4 szklanki posiekanej świeżej pietruszki

1/2 szklanki świeżo startego Parmigiano-Reggiano

1. W razie potrzeby przygotuj bulion. Doprowadzić bulion do wrzenia na średnim ogniu i zmniejszyć ogień, aby bulion pozostał ciepły. W dużym rondlu połącz szpinak, wodę i sól do smaku. Przykryć i doprowadzić do wrzenia. Gotuj, aż szpinak zmięknie, około 3 minut. Szpinak odsączyć i delikatnie wycisnąć, aby wypłynął sok. Szpinak drobno posiekać.

dwa. W szerokim, ciężkim rondlu podgrzej 3 łyżki masła na średnim ogniu. Gdy masło się roztopi, dodać cebulę i smażyć, często mieszając, przez około 10 minut, aż uzyska złoty kolor.

3. Dodaj ryż do cebuli i gotuj, mieszając drewnianą łyżką, aż będzie gorący, około 2 minut. Dodaj 1/2 szklanki gorącego bulionu i mieszaj, aż płyn się wchłonie. Kontynuuj dodawanie bulionu po 1/2 szklanki na raz, mieszając po każdym dodaniu. Dostosuj ciepło, aby płyn szybko się zagotował, ale ryż nie przyklejał się do garnka. W połowie gotowania dodać szpinak oraz sól i pieprz do smaku.

cztery. Używaj tylko tyle bulionu, ile potrzebujesz, aż ryż będzie miękki, ale jędrny, a risotto będzie kremowe. Kiedy uznasz, że jesteś gotowy, spróbuj ziaren. Jeśli nie jesteś gotowy, spróbuj ponownie wykonać test za mniej więcej minutę. Jeśli bulion skończy się przed ugotowaniem ryżu, użyj gorącej wody. Czas gotowania wyniesie od 18 do 20 minut.

5. Zdejmij patelnię z risotto z ognia. Dodaj resztę masła i sera. Natychmiast podawaj.

złote risotto z dyni

Risotto z Zuccą d'Oro

Przepis na 4 do 6 porcji

Na włoskich zielonych targowiskach szefowie kuchni mogą kupić duże kawałki dyni do przygotowania risotto. Dynia jest bliższa słodkiemu smakowi i maślanej konsystencji włoskim odmianom. To risotto to specjalność Mantui w Lombardii.

  5 filiżanekRosół

4 łyżki niesolonego masła

1/4 szklanki drobno posiekanej szalotki lub cebuli

2 szklanki obranej i posiekanej dyni (około 1 funta)

2 szklanki średniego ryżu, takiego jak Arborio, Carnaroli lub Vialone Nano

1 1/2 szklanki wytrawnego białego wina

Sól i świeżo mielony czarny pieprz

1/2 szklanki świeżo startego Parmigiano-Reggiano

1. W razie potrzeby przygotuj bulion. Doprowadzić bulion do wrzenia na średnim ogniu i zmniejszyć ogień, aby bulion pozostał ciepły. W szerokim, ciężkim rondlu rozpuść trzy łyżki masła na średnim ogniu. Dodaj szalotki i gotuj, często mieszając, przez około 5 minut, aż uzyskasz złoty kolor.

dwa. Dodać dynię i 1/2 szklanki bulionu. Gotować, aż bulion odparuje.

3. Dodaj ryż i gotuj, mieszając drewnianą łyżką, aż będzie gorący, około 2 minut. Dodaj wino, aż odparuje.

cztery. Dodaj 1/2 szklanki gorącego bulionu i mieszaj, aż płyn się wchłonie. Kontynuuj dodawanie bulionu po 1/2 szklanki na raz, mieszając po każdym dodaniu. Dostosuj ciepło, aby płyn szybko się zagotował, ale ryż nie przyklejał się do garnka. W połowie przygotowania doprawiamy solą i pieprzem do smaku.

5. Używaj tylko tyle bulionu, ile potrzebujesz, aż ryż będzie miękki, ale jędrny, a risotto będzie kremowe. Kiedy uznasz, że jesteś gotowy, spróbuj ziaren. Jeśli nie jesteś gotowy, spróbuj ponownie wykonać test za mniej więcej minutę. Jeśli bulion

skończy się przed ugotowaniem ryżu, użyj gorącej wody. Czas gotowania wyniesie od 18 do 20 minut.

6. Zdejmij patelnię z risotto z ognia. Dodaj resztę masła i sera. Natychmiast podawaj.

Weneckie risotto z groszkiem

Risi E Bisi

Wychodzi 6 porcji

W Wenecji to risotto je się z okazji nadejścia wiosny i pierwszych świeżych warzyw w sezonie. Wenecjanie wolą dość gęste risotto, więc dodaj dodatkową łyżkę bulionu lub wody do gotowego risotto, jeśli szukasz autentyczności.

6 filiżanek<u>Rosół</u>

1 średnia żółta cebula, drobno posiekana

4 łyżki oliwy z oliwek

2 szklanki średniego ryżu, takiego jak Arborio, Carnaroli lub Vialone Nano

Sól i świeżo mielony czarny pieprz

2 szklanki łuskanego zielonego groszku lub mrożonego groszku, częściowo rozmrożonego

2 łyżki drobno posiekanej natki pietruszki

1/2 szklanki świeżo startego Parmigiano-Reggiano

2 łyżki niesolonego masła

1. W razie potrzeby przygotuj bulion. Doprowadzić bulion do wrzenia na średnim ogniu i zmniejszyć ogień, aby bulion pozostał ciepły. Wlej olej do szerokiej, ciężkiej patelni. Dodaj cebulę i gotuj na średnim ogniu, aż cebula będzie miękka i złocistobrązowa, około 10 minut.

dwa. Dodaj ryż i gotuj, mieszając drewnianą łyżką, aż będzie gorący, około 2 minut. Dodaj około 1/2 szklanki gorącego bulionu i mieszaj, aż się wchłonie. Kontynuuj dodawanie bulionu po 1/2 szklanki na raz, mieszając po każdym dodaniu. Dostosuj ciepło, aby płyn szybko się zagotował, ale ryż nie przyklejał się do garnka. W połowie przygotowania doprawiamy solą i pieprzem do smaku.

3. Dodać groszek i pietruszkę. Kontynuuj dodawanie płynu i mieszanie. Ryż powinien być miękki, ale twardy podczas gryzienia, a risotto powinno mieć luźną, nieco gęstą konsystencję. Użyj gorącej wody, gdy zapas się skończy. Czas gotowania wyniesie od 18 do 20 minut.

cztery. Gdy ryż będzie miękki, ale nadal twardy, zdejmij patelnię z ognia. Dodaj ser i masło i dobrze wymieszaj. Natychmiast podawaj.

wiosenne risotto

wiosenne risotto

Przepis na 4 do 6 porcji

Małe kawałki kolorowych warzyw zdobią to jasne i pikantne risotto. Warzywa dodaje się stopniowo, aby się nie rozgotowały.

6 szklanek bulionu warzywnego lub wody

3 łyżki niesolonego masła

1 łyżka oliwy z oliwek

1 średnia cebula, drobno posiekana

1 mała marchewka, posiekana

1 mały seler naciowy baby, drobno posiekany

2 szklanki średniego ryżu, takiego jak Arborio, Carnaroli lub Vialone Nano

1 1/2 szklanki świeżego lub mrożonego groszku

1 szklanka pokrojonych grzybów, dowolnych

6 szparagów, przyciętych i pokrojonych na 1-calowe kawałki

Sól i świeżo mielony czarny pieprz

1 duży pomidor, pozbawiony nasion i pokrojony w kostkę

2 łyżki drobno posiekanej świeżej pietruszki o płaskich liściach

1/2 szklanki świeżo startego Parmigiano-Reggiano

1. W razie potrzeby przygotuj bulion. Doprowadzić bulion do wrzenia na średnim ogniu i zmniejszyć ogień, aby bulion pozostał ciepły. W szerokim, ciężkim rondlu połącz 2 łyżki masła i olej na średnim ogniu. Gdy masło się rozpuści dodać cebulę i smażyć około 10 minut na złoty kolor.

dwa. Dodaj marchewkę i seler i gotuj przez 2 minuty. Mieszaj, aż ryż dobrze się pokryje.

3. Dodaj 1/2 szklanki bulionu i gotuj, ciągle mieszając drewnianą łyżką, aż płyn zostanie wchłonięty. Kontynuuj dodawanie bulionu po 1/2 szklanki na raz, mieszając po każdym dodaniu, przez 10 minut. Dostosuj ciepło, aby płyn szybko się zagotował, ale ryż nie przyklejał się do garnka.

cztery. Dodaj groszek, pieczarki i połowę szparagów. Dodaj sól i pieprz do smaku. Kontynuuj dodawanie bulionu i mieszaj przez kolejne 10 minut. Dodaj pozostałe szparagi i pomidory. Dodaj bulion i mieszaj, aż ryż będzie twardy, ale al dente, a risotto będzie kremowe. Kiedy uznasz, że jesteś gotowy, spróbuj ziaren. Jeśli nie jesteś gotowy, spróbuj ponownie wykonać test za mniej więcej minutę.

5. Zdejmij patelnię z risotto z ognia. Zasmakuj w ziołach. Dodaj pietruszkę i pozostałe masło. Dodaj ser. Natychmiast podawaj.

Risotto z pomidorem i fontiną

Risotto z Pomodori i Fontiną

Wychodzi 6 porcji

Oryginalna Fontina Valle d'Aosta ma wyraźny orzechowy, owocowy i ziemisty smak, w przeciwieństwie do fontiny produkowanej gdzie indziej. Warto spróbować tego risotto z północno-zachodnich Włoch. To danie dobrze komponuje się z kwiatowym białym winem, takim jak Arneis, z pobliskiego regionu Piemont.

5 filiżanek Rosół

3 łyżki niesolonego masła

1 średnia cebula, drobno posiekana

1 szklanka pomidorów obranych, wypestkowanych i pokrojonych

2 szklanki średniego ryżu, takiego jak Arborio, Carnaroli lub Vialone Nano

1 1/2 szklanki wytrawnego białego wina

Sól i świeżo mielony czarny pieprz

4 uncje Fontina Valle d'Aosta, starta

1/2 szklanki świeżo startego Parmigiano-Reggiano

1. W razie potrzeby przygotuj bulion. Doprowadzić bulion do wrzenia na średnim ogniu i zmniejszyć ogień, aby bulion pozostał ciepły. Rozpuść masło w szerokim, ciężkim rondlu na średnim ogniu. Dodaj cebulę i gotuj, mieszając od czasu do czasu, aż cebula zmięknie i nabierze złotego koloru, około 10 minut.

dwa. Dodaj pomidory. Gotuj, aż większość płynu odparuje, około 10 minut.

3. Dodaj ryż i gotuj, mieszając drewnianą łyżką, aż będzie gorący, około 2 minut. Wlej wino i 1/2 szklanki bulionu na ryż. Gotować i mieszać, aż większość płynu zostanie wchłonięta.

cztery. Kontynuuj dodawanie bulionu około 1/2 szklanki na raz, mieszając po każdym dodaniu. Dostosuj ciepło, aby płyn szybko się zagotował, ale ryż nie przyklejał się do garnka. W połowie gotowania doprawiamy solą i pieprzem.

5. Używaj tylko tyle bulionu, ile potrzebujesz, aż ryż będzie miękki, ale jędrny, a risotto będzie kremowe. Kiedy uznasz, że jesteś gotowy, spróbuj ziaren. Jeśli nie jesteś gotowy, spróbuj ponownie wykonać test za mniej więcej minutę. Jeśli bulion skończy się przed ugotowaniem ryżu, użyj gorącej wody. Czas gotowania wynosi od 18 do 20 minut.

6. Zdejmij patelnię z risotto z ognia. Dodaj sery. Zasmakuj w ziołach. Natychmiast podawaj.

Risotto z krewetkami i selerem

Risotto z Gamberi i Sedano

Wychodzi 6 porcji

Wiele włoskich przepisów jest aromatyzowanych soffritto, połączeniem oleju lub masła, a czasem obu, oraz aromatycznych warzyw, w tym między innymi cebuli, selera, marchwi, czosnku, a czasem ziół. Czasami do soffritto dodaje się soloną wieprzowinę lub pancettę, aby nadać mu mięsisty smak.

Jak większość włoskich kucharzy, których znam, wolę wrzucić wszystkie składniki soffritto na patelnię na raz, a następnie włączyć ogień, aby wszystko się rozgrzało i delikatnie gotowało, dzięki czemu mogę lepiej kontrolować wyniki. Często mieszam soffritto, czasami gotując je, aż warzywa zmiękną, aby uzyskać łagodny smak, lub dopóki nie uzyskają złotego koloru, aby uzyskać dodatkową głębię. Jeśli zamiast tego najpierw podgrzejesz olej lub masło, tłuszcz może się rozgrzać, jeśli patelnia jest cienka, temperatura jest zbyt wysoka lub jesteś rozproszony. Po dodaniu innych smaków soffritto brązowieją zbyt szybko i nierównomiernie.

Soffritto w tym przepisie z regionu Emilia-Romania składa się z dwóch etapów. Zacznij od samej oliwy z oliwek i cebuli, ponieważ chcę, aby cebula przeniosła swój smak na olej i nieco zblakła w kierunku dna. Drugi etap polega na ugotowaniu selera, pietruszki i czosnku, tak aby seler pozostał lekko chrupiący, ale nadal uwalniał swój smak i tworzył nową warstwę smaku z pietruszką i czosnkiem.

Jeśli kupisz krewetki w skorupkach, zachowaj je, aby przygotować smaczny bulion z krewetek. Jeśli się spieszysz, możesz kupić obrane krewetki i użyć samego bulionu z kurczaka lub ryby, a nawet wody.

6 domowych filiżanek Rosół lub kupiony w sklepie wywar rybny

1 funt średnich krewetek

1 mała cebula drobno posiekana

2 łyżki oliwy z oliwek

1 szklanka posiekanego selera

2 ząbki czosnku drobno posiekane

2 łyżki posiekanej świeżej pietruszki

2 szklanki średniego ryżu, takiego jak Arborio, Carnaroli lub Vialone Nano

Sól i świeżo zmielony czarny pieprz do smaku.

1 łyżka niesolonego masła lub oliwy z oliwek z pierwszego tłoczenia

1. W razie potrzeby przygotuj bulion. Następnie obierz i oczyść krewetki, zachowując muszle. Pokrój krewetki na 1/2-calowe kawałki i odłóż na bok. Umieść małże w dużym rondlu z bulionem. Doprowadzić do wrzenia i gotować przez 10 minut. Odcedź bulion i wyrzuć muszle. Ponownie wlej bulion na patelnię i postaw na bardzo małym ogniu.

dwa. W szerokim, ciężkim rondlu smaż cebulę na oleju na średnim ogniu, często mieszając, około 5 minut. Dodaj seler, czosnek i pietruszkę i gotuj przez kolejne 5 minut.

3. Dodaj ryż do warzyw i dobrze wymieszaj. Dodaj 1/2 szklanki bulionu i gotuj, mieszając, aż płyn zostanie wchłonięty. Kontynuuj dodawanie bulionu po 1/2 szklanki na raz, mieszając po każdym dodaniu. Dostosuj ciepło, aby płyn szybko się zagotował, ale ryż nie przyklejał się do garnka.

cztery. Gdy ryż jest prawie ugotowany, dodaj krewetki oraz sól i pieprz do smaku. Używaj tylko tyle bulionu, ile potrzebujesz, aż ryż będzie miękki, ale zwarty, a risotto będzie wilgotne i kremowe. Kiedy uznasz, że jesteś gotowy, spróbuj ziaren. Jeśli nie jesteś gotowy, spróbuj ponownie wykonać test za mniej więcej minutę. Jeśli bulion skończy się przed ugotowaniem ryżu, użyj gorącej wody. Czas gotowania wynosi od 18 do 20 minut.

5. Zdejmij risotto z ognia. Dodaj masło lub olej i mieszaj, aż wszystko się połączy. Natychmiast podawaj.

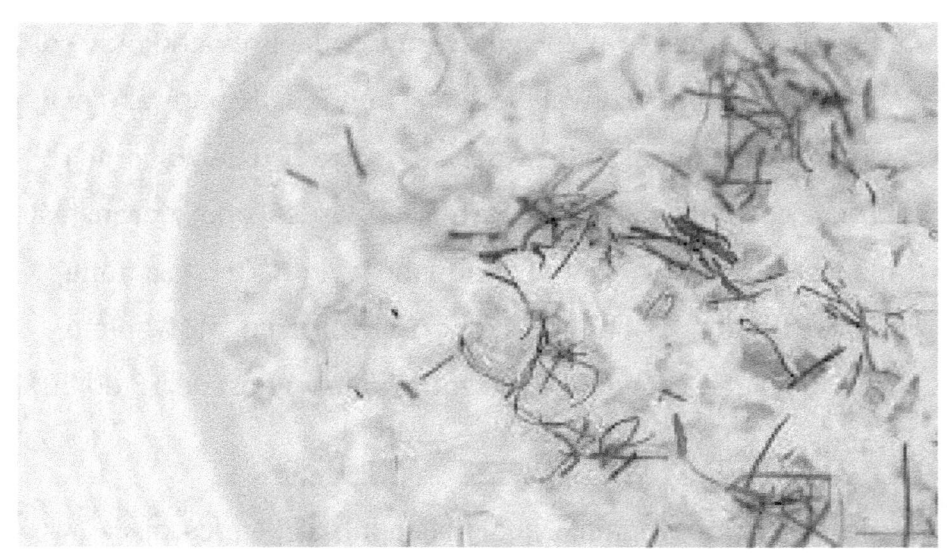

Risotto z „owocami morza"

Risotto z Frutti di Mare

Przepis na 4 do 6 porcji

Do tego risotto można dodać małe małże lub małże, a nawet kawałki twardej ryby, takiej jak tuńczyk. Kucharze z Veneto, skąd pochodzi ten przepis, preferują ryż Vialone Nano.

6 filiżanek<u>Rosół</u>lub woda

6 łyżek oliwy z oliwek

2 łyżki posiekanej świeżej pietruszki

2 duże ząbki czosnku, posiekane

1/2 funty kalmarów (kałamarnic), pokrojonych w 1/2-calowe krążki i macki przecięte na pół od spodu (patrz<u>Kałamarnica czyszcząca (kałamarnica)</u>)

1 1/4 funta krewetek, obranych i pozbawionych żyłek i pokrojonych na 1/2-calowe kawałki

1/4 funta przegrzebków, pokrojonych na 1-calowe kawałki

Słony

szczypta mielonej czerwonej papryki

1 średnia cebula, drobno posiekana

2 szklanki średniego ryżu, takiego jak Arborio, Carnaroli lub Vialone Nano

1 1/2 szklanki wytrawnego białego wina

1 szklanka pomidorów obranych, wypestkowanych i pokrojonych

1. W razie potrzeby przygotuj bulion. Wlej 3 łyżki oleju z czosnkiem i pietruszką do szerokiej, ciężkiej patelni. Gotuj na średnim ogniu, mieszając od czasu do czasu, aż czosnek zmięknie i uzyska złoty kolor, około 2 minut. Dodaj wszystkie skorupiaki, sól do smaku i czerwoną paprykę i gotuj, mieszając, aż kalmary staną się nieprzejrzyste, około 5 minut.

dwa. Wyłóż skorupiaki na talerz łyżką cedzakową. Dodaj bulion z kurczaka na patelnię i zagotuj. Trzymaj bulion na bardzo małym ogniu podczas gotowania risotto.

3. W szerokim, ciężkim rondlu na średnim ogniu smaż cebulę na pozostałych 3 łyżkach oleju na złoty kolor, około 10 minut.

cztery. Dodaj ryż i gotuj, mieszając drewnianą łyżką, aż będzie gorący, około 2 minut. Dodaj wino. Gotować, aż większość płynu zostanie wchłonięta. Dodaj 1/2 szklanki gorącego bulionu i mieszaj, aż płyn się wchłonie. Kontynuuj dodawanie bulionu po 1/2 szklanki na raz, mieszając po każdym dodaniu. Dostosuj ciepło, aby płyn szybko się zagotował, ale ryż nie przyklejał się do garnka. W połowie gotowania dodaj pomidory i sól do smaku.

5. Używaj tylko tyle bulionu, ile potrzebujesz, aż ryż będzie miękki, ale jędrny, a risotto będzie kremowe. Kiedy uznasz, że jesteś gotowy, spróbuj ziaren. Jeśli nie jesteś gotowy, spróbuj ponownie wykonać test za mniej więcej minutę. Jeśli bulion skończy się przed ugotowaniem ryżu, użyj gorącej wody. Czas gotowania wynosi od 18 do 20 minut.

6. Dodaj skorupiaki na patelnię i gotuj jeszcze przez 1 minutę. Zdejmij patelnię z risotto z ognia. Natychmiast podawaj.

Pieczony udziec jagnięcy z ziemniakami, czosnkiem i rozmarynem

Agnello al Forno

Wychodzi 6 porcji

Włosi podaliby tę jagnięcinę dobrze wysmażoną, ale myślę, że najlepiej smakuje, gdy jest średnio wysmażona, czyli około 130°F na termometrze z natychmiastowym odczytem. Po upieczeniu jagnięcina niech odpocznie, aby soki miały szansę spłynąć do środka mięsa.

6 uniwersalnych ziemniaków, obranych i pokrojonych na 1-calowe kawałki

3 łyżki oliwy z oliwek

Sól i świeżo mielony czarny pieprz

1 udziec jagnięcy z kością, przycięty (około 5 1/2 funta)

6 drobno posiekanych ząbków czosnku

2 łyżki posiekanego świeżego rozmarynu

1. Umieść ruszt na środku piekarnika. Rozgrzej piekarnik do 350 °F. Umieść ziemniaki na brytfannie wystarczająco dużej, aby pomieścić mięso i ziemniaki bez stłoczenia. Skropić olejem, solą i pieprzem do smaku.

dwa. Małym nożem wykonuj płytkie nacięcia w poprzek jagnięciny. Włóż trochę czosnku i rozmarynu w szczeliny, zachowując trochę dla ziemniaków. Mięso obficie oprószamy solą i pieprzem. Oddziel ziemniaki i dodaj mięso, tłustą stroną do góry.

3.Umieść blachę w piekarniku i piecz przez 30 minut. Obróć ziemniaki. Grilluj przez kolejne 30 do 45 minut lub do momentu, gdy temperatura wewnętrzna osiągnie 130°F na termometrze z natychmiastowym odczytem w najgrubszej części mięsa, z dala od kości. Wyjmij patelnię z piekarnika i połóż jagnięcinę na desce do krojenia. Przykryj mięso folią aluminiową. Odstaw na co najmniej 15 minut przed krojeniem.

cztery. Sprawdź, czy ziemniaki są ugotowane, przekłuwając je ostrym nożem. Jeśli muszą gotować więcej, zmniejsz temperaturę piekarnika do 400 ° F, włóż patelnię z powrotem do piekarnika i gotuj do miękkości.

5.Pokrój jagnięcinę i podawaj na gorąco z ziemniakami.

Udziec jagnięcy z cytryną, ziołami i czosnkiem

Agnello Steccato

Wychodzi 6 porcji

Bazylia, mięta, czosnek i cytryna zapach tej pieczeni jagnięcej. Gdy znajdziesz się w piekarniku, niewiele możesz z tym zrobić. To idealne danie na mały obiad lub niedzielny obiad. Jeśli chcesz, dodaj do zapiekanki trochę ziemniaków, marchwi, rzepy lub innych warzyw korzeniowych.

1 noga jagnięca, dobrze posiekana (około 3 funtów)

2 ząbki czosnku

2 łyżki posiekanej świeżej bazylii

1 łyżka posiekanej świeżej mięty

1/4 szklanki świeżo startego Pecorino Romano lub Parmigiano-Reggiano

1 łyżeczka skórki z cytryny

1 1/2 łyżeczki suszonego oregano

Sól i świeżo mielony czarny pieprz

2 łyżki oliwy z oliwek

1. Umieść ruszt na środku piekarnika. Rozgrzej piekarnik do 425 ° F.

dwa. Drobno posiekaj czosnek, bazylię i miętę. W małej misce wymieszaj mieszaninę z serem, skórką z cytryny i oregano. Dodaj 1 łyżeczkę soli i świeżo zmielonego pieprzu do smaku. Za pomocą małego noża wykonaj nacięcia w mięsie o głębokości około 3/4 cala. Włóż trochę mieszanki przypraw do każdego otworu. Natrzyj olejem mięso. Piec przez 15 minut.

3. Zmniejsz temperaturę do 350 ° F. Grilluj 1 godzinę dłużej lub do momentu, aż mięso będzie średnio krwiste, a temperatura wewnętrzna osiągnie 130 ° F na termometrze z natychmiastowym odczytem włożonym w najgrubszą część, ale nie dotykającą kości.

cztery. Wyjmij jagnięcinę z piekarnika i połóż na desce do krojenia. Przykryj jagnięcinę folią aluminiową i odstaw na 15 minut przed pokrojeniem. Podawać na gorąco.

Cukinia faszerowana duszoną jagnięciną

Cukinia Dojrzała

Wychodzi 6 porcji

Udziec jagnięcy nakarmi tłum, ale po małym obiedzie często zostają mi resztki. Następnie robię tę pyszną faszerowaną cukinię. Można zastąpić inne rodzaje gotowanego mięsa, a nawet drobiu.

2 do 3 kromek (1/2 cala grubości) włoskiego chleba

1 1/4 szklanki mleka

1 funt gotowanej jagnięciny

2 duże jajka

2 łyżki posiekanej świeżej pietruszki

2 ząbki czosnku drobno posiekane

1/2 szklanki świeżo startego Pecorino Romano lub Parmigiano-Reggiano

Sól i świeżo mielony czarny pieprz

6 średnich cukinii, umytych i pokrojonych

2 szklanki sosu pomidorowego, npSos marinara

1. Umieść ruszt na środku piekarnika. Rozgrzej piekarnik do 425 ° F. Nasmaruj blachę do pieczenia 13 × 9 × 2 cale.

dwa. Usuń skórkę z chleba i pokrój chleb na kawałki. (Powinieneś mieć około 1 szklanki.) Umieścić kawałki w średniej misce, wlać mleko i pozostawić do namoczenia.

3. Drobno posiekaj mięso w robocie kuchennym. Przełożyć do dużego naczynia. Dodaj jajka, natkę pietruszki, czosnek, namoczony chleb, 1/4 szklanki sera, sól i pieprz do smaku. Dobrze wymieszaj.

cztery. Cukinię przekroić wzdłuż na pół. Wydrąż nasiona. Napełnij cukinię mieszanką mięsną. Ułóż cukinię obok siebie na patelni. Polać sosem i posypać pozostałym serem.

5. Piecz przez 35 do 40 minut lub do momentu, aż nadzienie będzie gotowe, a cukinia miękka. Podawać na ciepło lub w temperaturze pokojowej.

Królik z białym winem i ziołami

Coniglio z białego wina

Wychodzi 4 porcje

Jest to podstawowy przepis na królika liguryjskiego, który można urozmaicać, dodając czarne lub zielone oliwki lub inne przyprawy. Kucharze z tego regionu przygotowują królika na wiele różnych sposobów, m.in. z orzeszkami pinii, grzybami czy karczochami.

1 królik (2 1/2 do 3 funtów), pokrojony na 8 kawałków

Sól i świeżo mielony czarny pieprz

3 łyżki oliwy z oliwek

1 mała cebula drobno posiekana

1 1/2 szklanki drobno posiekanej marchwi

1 1/2 szklanki posiekanego selera

1 łyżka posiekanych świeżych listków rozmarynu

1 łyżeczka posiekanego świeżego tymianku

1 liść laurowy

1 1/2 szklanki wytrawnego białego wina

1 szklanka bulionu z kurczaka

1. Opłucz kawałki królika i osusz papierowym ręcznikiem. Dopraw solą i pieprzem.

dwa. Rozgrzej olej na dużej patelni na średnim ogniu. Dodać królika i zrumienić ze wszystkich stron, około 15 minut.

3. Rozrzuć cebulę, marchewkę, seler i przyprawy wokół kawałków królika i gotuj, aż cebula zmięknie, około 5 minut.

cztery. Dodać wino i doprowadzić do wrzenia. Gotuj, aż większość płynu odparuje, około 2 minut. Dodać bulion i doprowadzić do wrzenia. Zredukuj ciepło do minimum. Przykryj garnek i gotuj, od czasu do czasu obracając królika szczypcami, aż będzie miękki po przekłuciu widelcem, około 30 minut.

5. Przełóż królika na półmisek. Przykryj i trzymaj w cieple. Zwiększ ogień i gotuj zawartość patelni, aż zredukuje się i zgęstnieje, około 2 minut. Wyrzuć liść laurowy.

6. Wlej zawartość patelni na królika i natychmiast podawaj.

Królik Z Oliwkami

Coniglio alla stimperata

Wychodzi 4 porcje

Czerwona papryka, zielone oliwki i kapary dodają pikanterii temu sycylijskiemu daniu z królika. Termin alla stimperata jest stosowany do kilku sycylijskich przepisów, chociaż jego znaczenie jest niejasne. Może pochodzić od stemperare, co oznacza „rozpuszczać, rozcieńczać lub mieszać" i odnosi się do dodawania wody do garnka podczas gotowania królika.

1 królik (2 1/2 do 3 funtów), pokrojony na 8 kawałków

1 1/4 szklanki oliwy z oliwek

3 ząbki czosnku drobno posiekane

1 szklanka zielonych oliwek bez pestek, opłukanych i osuszonych

2 czerwone papryki, cienko pokrojone

1 łyżka kaparów, opłukanych

szczypta oregano

Sól i świeżo mielony czarny pieprz

2 łyżki białego octu winnego

1 1/2 szklanki wody

1. Opłucz kawałki królika i osusz papierowym ręcznikiem.

dwa. Rozgrzej olej na dużej patelni na średnim ogniu. Dodaj królika i gotuj, aż będzie dobrze zrumieniony ze wszystkich stron, około 15 minut. Kawałki królika ułożyć na talerzu.

3. Dodaj czosnek na patelnię i smaż przez 1 minutę. Dodaj oliwki, paprykę, kapary i oregano. Gotować, mieszając przez 2 minuty.

cztery. Przełóż królika z powrotem na patelnię. Dopraw solą i pieprzem. Dodać ocet i wodę i doprowadzić do wrzenia. Zredukuj ciepło do minimum. Przykryj i gotuj, od czasu do czasu obracając królika, aż będzie miękki po przekłuciu widelcem, około 30 minut. Dodaj trochę wody, gdy płyn odparuje. Przełożyć do miseczki i podawać gorące.

Królik w stylu Porchetta

Coniglio w Porchetcie

Wychodzi 4 porcje

Połączenie przypraw użytych do przygotowania pieczeni wieprzowej jest tak pyszne, że szefowie kuchni dostosowali je do innych mięs, które są wygodniejsze w przyrządzaniu. Dziki koper włoski jest używany w regionie Marche, ale można go zastąpić suszonymi nasionami kopru włoskiego.

1 królik (2 1/2 do 3 funtów), pokrojony na 8 kawałków

Sól i świeżo mielony czarny pieprz

2 łyżki oliwy z oliwek

2 uncje pancetty

3 drobno posiekane ząbki czosnku

2 łyżki posiekanego świeżego rozmarynu

1 łyżka nasion kopru włoskiego

2 lub 3 liście szałwii

1 liść laurowy

1 szklanka wytrawnego białego wina

1 1/2 szklanki wody

1. Opłucz kawałki królika i osusz papierowym ręcznikiem. Dopraw solą i pieprzem.

dwa. Na patelni wystarczająco dużej, aby pomieścić kawałki królika w jednej warstwie, rozgrzej olej na średnim ogniu. Ułóż kawałki na patelni. Rozłóż boczek na całej powierzchni. Smaż, aż królik zrumieni się z jednej strony, około 8 minut.

3. Odwrócić królika i posypać czosnkiem, rozmarynem, koprem włoskim, szałwią i liściem laurowym ze wszystkich stron. Kiedy królik zrumieni się z drugiej strony, po około 7 minutach dodać wino i wymieszać, zeskrobując dno patelni. Dusić wino przez 1 minutę.

cztery. Gotuj bez przykrycia, od czasu do czasu obracając mięso, aż królik będzie bardzo miękki i odchodzi od kości, około 30 minut. (Dodaj trochę wody, jeśli patelnia będzie zbyt sucha.)

5. Wyrzuć liść laurowy. Umieść królika na półmisku i podawaj na gorąco z sokami z patelni.

Królik Z Pomidorami

Coniglio alla Ciociara

Wychodzi 4 porcje

W regionie Ciociara, poza Rzymem, znanym z wyśmienitej kuchni, królika gotuje się w sosie z pomidorów i białego wina.

1 królik (2 1/2 do 3 funtów), pokrojony na 8 kawałków

2 łyżki oliwy z oliwek

2 uncje pancetty, grubo pokrojonej i drobno posiekanej

2 łyżki posiekanej świeżej pietruszki

1 ząbek czosnku, lekko rozgnieciony

Sól i świeżo mielony czarny pieprz

1 szklanka wytrawnego białego wina

2 szklanki pomidorów śliwkowych, obranych, pozbawionych nasion i pokrojonych

1. Opłucz kawałki królika i osusz papierowym ręcznikiem. Rozgrzej olej na dużej patelni na średnim ogniu. Umieść królika na patelni, a następnie dodaj pancettę, pietruszkę i czosnek. Piec, aż królik będzie dobrze zrumieniony ze wszystkich stron, około 15 minut. Dopraw solą i pieprzem.

dwa. Zdjąć czosnek z patelni i wyrzucić. Dodaj wino i gotuj przez 1 minutę.

3. Zredukuj ciepło do minimum. Dodaj pomidory i gotuj, aż królik będzie miękki i zacznie odchodzić od kości, około 30 minut.

cztery. Umieść królika na półmisku i podawaj na gorąco z sosem.

Słodko-kwaśny duszony królik

Coniglio w Agrodolce

Wychodzi 4 porcje

Sycylijczycy są znani ze słodyczy, co jest dziedzictwem rządów Maurów na wyspie, które trwały co najmniej dwieście lat. Rodzynki, cukier i ocet nadają temu królikowi lekko słodko-kwaśny smak.

1 królik (2 1/2 do 3 funtów), pokrojony na 8 kawałków

2 łyżki oliwy z oliwek

2 uncje grubo pokrojonej pancetty, posiekanej

1 średnia cebula, drobno posiekana

Sól i świeżo mielony czarny pieprz

1 szklanka wytrawnego białego wina

2 całe goździki

1 liść laurowy

1 szklanka bulionu wołowego lub drobiowego

1 łyżka cukru

1 1/4 szklanki białego octu winnego

2 łyżki rodzynek

2 łyżki orzeszków piniowych

2 łyżki posiekanej świeżej pietruszki

1. Opłucz kawałki królika i osusz papierowym ręcznikiem. Na dużej patelni rozgrzej olej i pancettę na średnim ogniu przez 5 minut. Dodaj królika i gotuj z jednej strony, aż się zrumieni, około 8 minut. Obróć kawałki królika szczypcami i rozłóż cebulę ze wszystkich stron. Dopraw solą i pieprzem.

dwa. Dodaj wino, goździki i liść laurowy. Doprowadź płyn do wrzenia i gotuj, aż większość wina odparuje, około 2 minut. Dodaj bulion i przykryj patelnię. Zmniejsz ogień do niskiego poziomu i gotuj, aż królik będzie miękki, od 30 do 45 minut.

3. Kawałki królika ułożyć na talerzu. (Jeśli zostało jeszcze dużo płynu, gotuj na dużym ogniu, aż się zredukuje). Dodaj cukier,

ocet, rodzynki i orzeszki piniowe. Mieszaj, aż cukier się rozpuści, około 1 minuty.

cztery. Umieść królika z powrotem na patelni i gotuj, obracając kawałki w sosie, aż będą dobrze pokryte, około 5 minut. Dodaj pietruszkę i podawaj na gorąco z sokami z patelni.

Pieczony królik z ziemniakami

Coniglio Arrosto

Wychodzi 4 porcje

U mojej przyjaciółki, Dory Marzovilla, niedzielny obiad lub specjalny posiłek często zaczyna się od różnych chrupiących i delikatnych smażonych warzyw, takich jak serca karczochów lub szparagi, a następnie gotowane na parze domowe orecchiette lub cavatelli z pysznym ragout z małych klopsików. Dora z Rutigliano w Apulii jest świetną kucharką, a danie z królika, które podaje jako danie główne, jest jedną z jej specjalności.

1 królik (21/2 do 3 funtów), pokrojony na 8 kawałków

11/4 szklanki oliwy z oliwek

1 średnia cebula, drobno posiekana

2 łyżki posiekanej świeżej pietruszki

1/2 suchego kubka z winem

Sól i świeżo mielony czarny pieprz

4 średnie uniwersalne ziemniaki, obrane i pokrojone w 1-calowe kliny

1 1/2 szklanki wody

1 1/2 łyżeczki oregano

1. Opłucz kawałki królika i osusz papierowym ręcznikiem. Na dużej patelni rozgrzej dwie łyżki oleju na średnim ogniu. Dodaj królika, cebulę i pietruszkę. Gotuj, obracając kawałki od czasu do czasu, aż lekko się zrumienią, około 15 minut. Dodaj wino i gotuj przez kolejne 5 minut. Dopraw solą i pieprzem.

dwa. Umieść ruszt na środku piekarnika. Rozgrzej piekarnik do 425 ° F. Nasmaruj brytfannę wystarczająco dużą, aby pomieścić wszystkie składniki w jednej warstwie.

3. Podziel ziemniaki na patelnię i wymieszaj z pozostałymi 2 łyżkami oleju. Dodaj zawartość patelni do patelni i zawiń kawałki królika wokół ziemniaków. Dodaj wodę. Posypać oregano oraz solą i pieprzem. Przykryj patelnię folią aluminiową. Piecz przez 30 minut. Odkryj i gotuj przez kolejne 20 minut lub do momentu, aż ziemniaki będą miękkie.

cztery. Przełożyć do miski do serwowania. Podawać na gorąco.

marynowane karczochy

Carciofi Marinati

Przepis na 6 do 8 porcji

Te karczochy są doskonałe w sałatkach, do wędlin lub jako część asortymentu antipasto. Karczochy będą przechowywane przez co najmniej dwa tygodnie w lodówce.

Jeśli nie masz młodych karczochów, zastąp je średnimi karczochami, pokrojonymi na osiem klinów.

1 szklanka białego octu winnego

2 szklanki wody

1 liść laurowy

1 cały ząbek czosnku

8 do 12 młodych karczochów, pokrojonych w plasterki i poćwiartowanych (zobGotować całe karczochy)

szczypta mielonej czerwonej papryki

Słony

Oliwa z oliwek z pierwszego tłoczenia

1. W dużym rondlu połącz ocet, wodę, liść laurowy i czosnek. Doprowadź płyn do wrzenia.

dwa. Dodaj karczochy, mieloną czerwoną paprykę i sól do smaku. Gotuj do miękkości po przekłuciu nożem, od 7 do 10 minut. Zdjąć z ognia. Zawartość patelni przetrzeć przez gęste sitko do miski. Zachowaj płyn.

3. Zapakuj karczochy do wysterylizowanych szklanych słoików. Wlać płyn do gotowania, aby był przykryty. Całkowicie ostudzić. Przykryć i przechowywać w lodówce przez co najmniej 24 godziny lub do 2 tygodni.

cztery. Przed podaniem odsączyć karczochy i skropić olejem.

Karczochy rzymskie

Carciofi alla Romana

Wychodzi 8 porcji

Małe farmy w całym Rzymie produkują mnóstwo świeżych karczochów w okresie wiosennym i jesiennym. Małe ciężarówki zabierają ich na targowiska na rogu, gdzie są sprzedawane bezpośrednio z tyłu ciężarówki. Karczochy mają długie łodygi, a liście są nadal przyczepione, ponieważ łodygi po obraniu nadają się do jedzenia. Rzymianie gotowali karczochy łodygą do góry. Bardzo atrakcyjnie prezentują się na talerzu do serwowania.

2 duże ząbki czosnku, posiekane

2 łyżki posiekanej świeżej pietruszki

1 łyżka posiekanej świeżej mięty lub 1/2 łyżeczki suszonego majeranku

Sól i świeżo mielony czarny pieprz

1 1/4 szklanki oliwy z oliwek

8 średnich karczochów, przygotowanych do nadzienia (patrz Gotować całe karczochy)

1 1/2 szklanki wytrawnego białego wina

1. W małej misce wymieszaj czosnek, pietruszkę i miętę lub majeranek. Dodaj sól i pieprz do smaku. Dodaj 1 łyżkę oleju.

dwa. Ostrożnie oddziel liście od karczochów i włóż trochę mieszanki czosnku do środka. Delikatnie ściśnij karczochy, aby zmieściły się w nadzieniu, umieść je łodygami do góry na patelni wystarczająco dużej, aby utrzymać je w pozycji pionowej. Wlej wino wokół karczochów. Dodaj wodę do głębokości 3/4 cala. Skrop karczochy pozostałym olejem.

3. Przykryj patelnię i doprowadź płyn do wrzenia na średnim ogniu. Gotuj przez 45 minut lub do momentu, aż karczochy będą miękkie po przekłuciu nożem. Podawać na ciepło lub w temperaturze pokojowej.

duszone karczochy

Carciofi Stufati

Wychodzi 8 porcji

Karczochy należą do rodziny osetów i rosną na krótkich, krzaczastych roślinach. Rosną dziko w wielu miejscach w południowych Włoszech, a wiele osób uprawia je we własnych ogrodach. Karczoch to tak naprawdę nieotwarty kwiat. Bardzo duże karczochy rosną na szczycie krzewu, podczas gdy mniejsze wyrastają u podstawy. Małe karczochy, często nazywane młodymi karczochami, są idealne do duszenia. Przygotuj je do gotowania tak, jak większy karczoch. Konsystencja i maślany słodki smak są szczególnie dobre w przypadku ryb.

1 mała cebula drobno posiekana

1 1/4 szklanki oliwy z oliwek

1 ząbek czosnku drobno posiekany

2 łyżki posiekanej świeżej pietruszki

dziecko 2 funtykarczochy, przycięte i poćwiartowane

1 1/2 szklanki wody

Sól i świeżo mielony czarny pieprz

1. W dużym rondlu gotuj cebulę na oleju na średnim ogniu, aż zmięknie, około 10 minut. Dodać czosnek i pietruszkę.

dwa. Dodaj karczochy na patelnię i dobrze wymieszaj. Dodać wodę oraz sól i pieprz do smaku. Przykryj i gotuj na wolnym ogniu, aż karczochy będą miękkie po przekłuciu nożem, około 15 minut. Podawać na ciepło lub w temperaturze pokojowej.

Zmiana: W kroku 2 dodaj 3 średnie ziemniaki, obrane i pokrojone w 1-calową kostkę wraz z cebulą.

Karczochy po żydowsku

Carciofi alla Giudia

Wychodzi 4 porcje

Żydzi po raz pierwszy przybyli do Rzymu w I wieku pne. Osiedlili się w pobliżu Tybru, aw 1556 roku papież Paweł IV zamknął je w otoczonym murem getcie. Wielu było biednych i mogło przetrwać dzięki prostym, tanim pokarmom, takim jak dorsz, cukinia i karczochy. Do czasu zburzenia murów getta w połowie XIX wieku rzymscy Żydzi rozwinęli własny styl gotowania, który później przyjął się wśród innych Rzymian. Dziś potrawy żydowskie, takie jak smażone faszerowane kwiaty cukinii, Gnocchi z kaszy manny, a te karczochy są uważane za rzymskie klasyki.

Dzielnica Żydowska w Rzymie nadal istnieje i jest tam kilka dobrych restauracji, w których można skosztować tego stylu gotowania. W Piperno i Da Giggetto, dwóch ulubionych trattoriach, te smażone karczochy są podawane na ciepło z dużą ilością soli. Liście są chrupiące jak chipsy ziemniaczane. Karczochy rozpryskują się podczas gotowania, więc trzymaj się z dala od kuchenki i chroń ręce.

4 średniekarczochy, przygotowany jak do farszu

Oliwa z oliwek

Słony

1.Karczochy osusz. Połóż karczocha spodem do góry na płaskiej powierzchni. Naciśnij karczocha dłonią, aby go spłaszczyć i rozłożyć liście. Powtórz z pozostałymi karczochami. Obróć je tak, aby końce liści były skierowane do góry.

dwa. Na dużej, głębokiej patelni lub szerokim, ciężkim rondlu podgrzej około 2 cali oliwy z oliwek na średnim ogniu, aż liść karczocha ześlizgnie się z oleju i szybko się zrumieni. Chroń dłoń rękawicą kuchenną, ponieważ olej może rozpryskiwać się i rozpryskiwać, gdy karczochy są mokre. Dodaj karczochy liśćmi do dołu. Smaż, wciskając karczochy do oleju łyżką cedzakową, aż z jednej strony uzyskają złoty kolor, około 10 minut. Za pomocą szczypiec ostrożnie odwróć karczochy i gotuj na złoty kolor, około 10 minut dłużej.

3.Osączyć na papierze kuchennym. Posyp solą i od razu podawaj.

Wiosna Rzymska Gulasz Warzywny

vignarola

Przepis na 4 do 6 porcji

Włosi są bardzo wyczuleni na pory roku, a pojawienie się pierwszych wiosennych karczochów oznacza, że zima się skończyła i wkrótce powróci ciepła pogoda. Aby to uczcić, Rzymianie jedzą miseczki tego świeżego wiosennego gulaszu warzywnego, z karczochami jako daniem głównym.

4 uncje pokrojonej pancetty, posiekanej

1 1/4 szklanki oliwy z oliwek

1 średnia cebula posiekana

4 średnie karczochy, przycięte i poćwiartowane

1 funt świeżej fasoli fava, łuskanej lub zamiennik 1 szklanki fasoli fava lub mrożonej fasoli fava

1/2 kubka Rosół

Sól i świeżo mielony czarny pieprz

1 funt świeżego groszku, łuskanego (około 1 szklanki)

2 łyżki posiekanej świeżej pietruszki

1. Na dużej patelni usmaż pancettę na oleju na średnim ogniu. Często mieszaj, aż pancetta zacznie brązowieć, 5 minut. Dodaj cebulę i gotuj na złoty kolor, jeszcze około 10 minut.

dwa. Dodaj karczochy, bób, bulion oraz sól i pieprz do smaku. Zmniejsz ciepło. Przykryj i gotuj przez 10 minut lub do momentu, aż karczochy będą prawie miękkie po przekłuciu nożem. Dodaj groszek i pietruszkę i gotuj przez kolejne 5 minut. Podawać na ciepło lub w temperaturze pokojowej.

Chrupiące serca karczochów

Carciofini Fritti

Przepis na 6 do 8 porcji

W Stanach Zjednoczonych karczochy są uprawiane głównie w Kalifornii, gdzie zostały po raz pierwszy zasadzone na początku XX wieku przez włoskich imigrantów. Odmiany różnią się od tych we Włoszech i często są bardzo dojrzałe podczas zbioru, co czasami czyni je twardymi i zdrewniałymi. Mrożone serca karczochów mogą być bardzo dobre i oszczędzają czas. Czasami używam ich do tego przepisu. Smażone serca karczochów są pyszne z kotletami jagnięcymi lub jako przystawka.

12 dzieckokarczochy, pokrojone i poćwiartowane lub 2 opakowania (10 uncji) zamrożonych serc karczochów, lekko ugotowanych zgodnie z instrukcją na opakowaniu

3 duże jajka, ubite

Słony

2 szklanki suchej bułki tartej

olej do smażenia

Plastry cytryny

1.Suszone świeże lub gotowane karczochy. W średnio płytkiej misce ubij jajka solą do smaku. Rozłóż bułkę tartą na arkuszu papieru do pieczenia.

dwa. Umieść stojak chłodzący na blasze do pieczenia. Zanurz karczochy w mieszance jaj, a następnie obtocz je w bułce tartej. Umieść karczochy na ruszcie do wyschnięcia na co najmniej 15 minut przed gotowaniem.

3.Wyłóż tacę ręcznikami papierowymi. Wlej olej na głębokość 1 cala na dużą, ciężką patelnię. Podgrzej olej, aż kropla masy jajecznej zacznie skwierczeć. Dodaj tyle karczochów, aby wygodnie zmieściły się na patelni bez stłoczenia. Gotuj, obracając kawałki szczypcami, aż uzyskasz złoty kolor, około 4 minut. Odsączyć na papierze kuchennym i trzymać w cieple podczas smażenia pozostałych karczochów, w razie potrzeby partiami.

cztery. Posyp solą i podawaj na gorąco z kawałkami cytryny.

nadziewane karczochy

Carciofi Ripieni

Wychodzi 8 porcji

W ten sposób moja mama zawsze robiła karczochy: jest to klasyczny sposób przyrządzania w całych południowych Włoszech. Nadzienia wystarczy, aby posmakować karczochy i wydobyć ich smak. Zbyt dużo nadzienia sprawi, że karczochy będą rozmoczone i ciężkie, więc nie zwiększaj ilości bułki tartej i przynajmniej użyj dobrej jakości bułki tartej. Karczochy można przygotować wcześniej i podawać w temperaturze pokojowej lub jeść na ciepło i świeże.

8 średniakarczochy, przygotowany do farszu

3/4 szklanki suchej bułki tartej

1 1/4 szklanki posiekanej świeżej pietruszki

1/4 szklanki świeżo startego Pecorino Romano lub Parmigiano-Reggiano

1 ząbek czosnku, bardzo drobno posiekany

Sól i świeżo mielony czarny pieprz

Oliwa z oliwek

1.Drobno posiekaj łodygi karczocha dużym nożem szefa kuchni. Wrzuć łodygi do dużej miski z bułką tartą, pietruszką, serem, czosnkiem oraz solą i pieprzem do smaku. Dodaj trochę oleju i mieszaj, aby równomiernie zwilżyć okruchy. Spróbuj i dostosuj przyprawy.

dwa. Ostrożnie oddziel liście. Lekko napełnij środek karczochów mieszanką bułki tartej i dodaj trochę farszu między liście. Nie pakuj nadzienia.

3.Umieść karczochy w garnku wystarczająco szerokim, aby utrzymać je pionowo. Dodaj wodę do głębokości 3/4 cala wokół karczochów. Skrop karczochy 3 łyżkami oliwy z oliwek.

cztery. Przykryj patelnię i umieść ją na średnim ogniu. Gdy woda się zagotuje, zmniejsz ogień do minimum. Gotuj przez około 40 do 50 minut (w zależności od wielkości karczochów) lub do momentu, aż dna karczochów będą miękkie po przekłuciu nożem, a liść będzie łatwo odchodził. W razie potrzeby dodaj więcej gorącej wody, aby zapobiec oparzeniom. Podawać na ciepło lub w temperaturze pokojowej.

Faszerowane karczochy po sycylijsku

Carciofi alla Siciliana

Wychodzi 4 porcje

Gorący i suchy klimat Sycylii jest idealny do uprawy karczochów. Rośliny o ząbkowanych srebrzystych liściach są dość piękne i wiele osób używa ich jako ozdobnych krzewów w swoich ogrodach przydomowych. Pod koniec sezonu karczochy pozostawione na roślinie pękają, odsłaniając w pełni wyrośniętego dusiciela pośrodku, który jest purpurowy i krzaczasty.

To sycylijski sposób nadziewania karczochów, który jest bardziej skomplikowany niż tennadziewane karczochyprzepis. Podawać jako przystawkę do grillowanej ryby lub udźca jagnięcego.

4 średniekarczochy, przygotowany do farszu

1 1/2 szklanki bułki tartej

4 filety anchois, drobno posiekane

2 łyżki posiekanych odsączonych kaparów

2 łyżki prażonych orzeszków piniowych

2 łyżki złotych rodzynek

2 łyżki posiekanej świeżej pietruszki

1 duży ząbek czosnku, posiekany

Sól i świeżo mielony czarny pieprz

4 łyżki oliwy z oliwek

1 1/2 szklanki wytrawnego białego wina

Woda

1. W średniej misce wymieszaj bułkę tartą, anchois, kapary, orzeszki piniowe, rodzynki, pietruszkę, czosnek oraz sól i pieprz do smaku. Dodaj dwie łyżki oleju.

dwa. Ostrożnie oddziel liście. Napełnij karczochy luźno mieszanką bułki tartej, a także dodaj trochę nadzienia między liśćmi. Nie pakuj nadzienia.

3. Umieść karczochy w słoiku wystarczająco dużym, aby utrzymać je w pozycji pionowej. Dodaj wodę do głębokości

3/4 cala wokół karczochów. Skropić pozostałymi 2 łyżkami oleju. Wlej wino wokół karczochów.

cztery. Przykryj patelnię i umieść ją na średnim ogniu. Gdy woda się zagotuje, zmniejsz ogień do minimum. Gotuj przez 40 do 50 minut (w zależności od wielkości karczochów) lub do momentu, aż karczoch będzie miękki po przekłuciu nożem, a liść łatwo odpadnie. W razie potrzeby dodaj więcej gorącej wody, aby zapobiec oparzeniom. Podawać na ciepło lub w temperaturze pokojowej.

Szparagi „na patelni"

Szparagi w Padelli

Przepis na 4 do 6 porcji

Te szparagi są szybkie w upieczeniu. W razie potrzeby dodaj posiekany czosnek lub świeże zioła.

3 łyżki oliwy z oliwek

1 funt szparagów

Sól i świeżo mielony czarny pieprz

2 łyżki posiekanej świeżej pietruszki

1. Odetnij dolną część szparagów w miejscu, w którym łodyga zmienia kolor z białego na zielony. Szparagi pokroić na 2 cm kawałki.

dwa. Rozgrzej olej na dużej patelni na średnim ogniu. Dodać szparagi oraz sól i pieprz do smaku. Gotuj 5 minut, często mieszając, aż szparagi lekko się zrumienią.

3. Przykryj patelnię i gotuj przez kolejne 2 minuty lub do momentu, aż szparagi będą miękkie. Dodaj pietruszkę i natychmiast podawaj.

Szparagi z oliwą i octem

Insalata di Asparagi

Przepis na 4 do 6 porcji

Jak tylko wiosną pojawią się pierwsze lokalnie wyhodowane dzidy, przygotowuję je w ten sposób iw dużych ilościach, aby zaspokoić głód, który rozwinął się przez długą zimę. Obracaj szparagi w sosie, gdy są jeszcze gorące, aby wchłonęły smak.

1 funt szparagów

Słony

1 1/4 szklanki oliwy z oliwek extra virgin

1 do 2 łyżek octu z czerwonego wina

świeżo zmielony czarny pieprz

1. Odetnij dolną część szparagów w miejscu, w którym łodyga zmienia kolor z białego na zielony. Doprowadź około 2 cale wody do wrzenia na dużej patelni. Dodaj szparagi i sól do smaku. Gotuj, aż szparagi lekko się zginają po podniesieniu z końca łodygi, od 4 do 8 minut. Czas gotowania zależy od

grubości szparagów. Usuń szparagi pęsetą. Osączyć na papierze kuchennym i osuszyć.

dwa.W dużym płytkim naczyniu połącz olej, ocet, szczyptę soli i dużą ilość pieprzu. Ubijaj widelcem, aż się połączą. Dodaj szparagi i ostrożnie odwróć, aż się pokryją. Podawać na ciepło lub w temperaturze pokojowej.

Szparagi Z Masłem Cytrynowym

Szparagi al Osioł

Przepis na 4 do 6 porcji

Szparagi ugotowane w ten prosty sposób pasują niemal do wszystkiego, od jajek po ryby i mięso. Dla odmiany dodaj do masła posiekany świeży szczypiorek, pietruszkę lub bazylię.

1 funt szparagów

Słony

2 łyżki niesolonego masła, roztopionego

1 łyżka świeżego soku z cytryny

świeżo zmielony czarny pieprz

1. Odetnij dolną część szparagów w miejscu, w którym łodyga zmienia kolor z białego na zielony. Doprowadź około 2 cale wody do wrzenia na dużej patelni. Dodaj szparagi i sól do smaku. Gotuj, aż szparagi lekko się zginają po podniesieniu z końca łodygi, od 4 do 8 minut. Czas gotowania zależy od

grubości szparagów. Usuń szparagi pęsetą. Osączyć na papierze kuchennym i osuszyć.

dwa. Wyczyść patelnię. Dodaj masło i gotuj na średnim ogniu, aż się rozpuści, około 1 minuty. Dodaj sok z cytryny. Przełóż szparagi z powrotem na patelnię. Posypać pieprzem i ostrożnie przewrócić, aby pokryły się sosem. Natychmiast podawaj.

Szparagi z różnymi sosami

Przepis na 4 do 6 porcji

Gotowane szparagi są pyszne w temperaturze pokojowej z różnymi sosami. Idealnie nadają się na kolację, ponieważ można je przygotować z wyprzedzeniem. Nie ma znaczenia, czy są grube, czy cienkie, ale postaraj się, aby szparagi były mniej więcej tej samej wielkości, aby równomiernie się ugotowały.

> majonez z oliwy z oliwek, majonez pomarańczowy, LubZielony sos

1 funt szparagów

Słony

1. W razie potrzeby przygotuj sos lub sosy. Następnie odetnij podstawę szparagów w miejscu, w którym łodyga zmienia kolor z białego na zielony.

dwa. Doprowadź około 2 cale wody do wrzenia na dużej patelni. Dodaj szparagi i sól do smaku. Gotuj, aż szparagi lekko się zginają po podniesieniu z końca łodygi, od 4 do 8 minut. Czas gotowania zależy od grubości szparagów.

3. Usuń szparagi pęsetą. Osączyć na papierze kuchennym i osuszyć. Podawaj szparagi w temperaturze pokojowej z jednym lub kilkoma sosami.

Szparagi z dressingiem kaparowym i jajkami

Szparagi z Capri i Uove

Przepis na 4 do 6 porcji

W Trentino-Alto Adige i Veneto pulchne białe szparagi to wiosenny rytuał. Są smażone i gotowane, dodawane do risotto, zup i sałatek. Sos jajeczny to typowa przyprawa, taka jak ta z sokiem z cytryny, pietruszką i kaparami.

1 funt szparagów

Słony

1 1/4 szklanki oliwy z oliwek

1 łyżeczka świeżego soku z cytryny

świeżo zmielony pieprz

1 jajko na twardo, pokrojone w kostkę

2 łyżki posiekanej świeżej pietruszki

1 łyżka kaparów, opłukanych i odsączonych

1. Odetnij dolną część szparagów w miejscu, w którym łodyga zmienia kolor z białego na zielony. Doprowadź około 2 cale wody do wrzenia na dużej patelni. Dodaj szparagi i sól do smaku. Gotuj, aż szparagi lekko się zginają po podniesieniu z końca łodygi, od 4 do 8 minut. Czas gotowania zależy od grubości szparagów. Usuń szparagi pęsetą. Osączyć na papierze kuchennym i osuszyć.

dwa. W małej misce wymieszaj olej, sok z cytryny oraz szczyptę soli i pieprzu. Dodaj jajko, pietruszkę i kapary.

3. Umieść szparagi w misce do serwowania i zalej sosem. Natychmiast podawaj.

Szparagi z parmezanem i masłem

Szparagi alla Parmigiana

Przepis na 4 do 6 porcji

Jest to czasami określane jako asparagi alla Milanese (szparagi po mediolańsku), chociaż jest spożywane w wielu różnych regionach. Jeśli znajdziesz białe szparagi, są one szczególnie odpowiednie do tego zabiegu.

1 funt grubych szparagów

Słony

2 łyżki niesolonego masła

świeżo zmielony czarny pieprz

1/2 szklanki świeżo startego Parmigiano-Reggiano

1. Odetnij dolną część szparagów w miejscu, w którym łodyga zmienia kolor z białego na zielony. Doprowadź około 2 cale wody do wrzenia na dużej patelni. Dodaj szparagi i sól do smaku. Gotuj, aż szparagi lekko się zginają po podniesieniu z końca łodygi, od 4 do 8 minut. Czas gotowania zależy od

grubości szparagów. Usuń szparagi pęsetą. Osączyć na papierze kuchennym i osuszyć.

dwa. Umieść ruszt na środku piekarnika. Rozgrzej piekarnik do 450 ° F. Nasmaruj masłem duże naczynie do pieczenia.

3.Ułóż szparagi obok siebie w naczyniu do pieczenia, lekko nachodząc na siebie. Posmarować masłem i posypać pieprzem i serem.

cztery. Piecz przez 15 minut lub do momentu, aż ser się roztopi i nabierze złotego koloru. Natychmiast podawaj.

Paczki ze szparagami i prosciutto

Fagottini di Asparagi

Wychodzi 4 porcje

Aby uzyskać bardziej obfite danie, czasami na wierzchu każdej paczki umieszczam plasterki Fontina Valle d'Aosta, mozzarelli lub innego sera, który dobrze się topi.

1 funt szparagów

Sól i świeżo mielony pieprz

4 plastry importowanej włoskiej szynki prosciutto

2 łyżki masła

1/4 szklanki świeżo startego Parmigiano-Reggiano

1. Odetnij dolną część szparagów w miejscu, w którym łodyga zmienia kolor z białego na zielony. Doprowadź około 2 cale wody do wrzenia na dużej patelni. Dodaj szparagi i sól do smaku. Gotuj, aż szparagi lekko się zginają po podniesieniu z końca łodygi, od 4 do 8 minut. Czas gotowania zależy od

grubości szparagów. Usuń szparagi pęsetą. Osączyć na papierze kuchennym i osuszyć.

dwa. Umieść ruszt na środku piekarnika. Rozgrzej piekarnik do 350 ° F. Nasmaruj masłem duże naczynie do pieczenia.

3.Rozpuść masło na dużej patelni. Dodać szparagi i posypać solą i pieprzem. Ostrożnie obróć szparagi dwiema szpatułkami w maśle, aby były dobrze pokryte.

cztery. Szparagi podzielić na 4 grupy. Umieść każdą grupę na środku plasterka szynki serrano. Owiń szparagi końcówkami szynki serrano. Umieść paczki w naczyniu żaroodpornym. Posypać Parmigiano.

5.Piecz szparagi przez 15 minut lub do momentu, aż ser się roztopi i utworzy skórkę. Podawać na gorąco.

Pieczone szparagi

Szparagi al Forno

Przepis na 4 do 6 porcji

Pieczenie brązowieje szparagi i wydobywa naturalną słodycz. Idealnie nadają się do grillowania mięs. Ugotowane mięso można wyjąć z piekarnika i w czasie, gdy odpoczywa, upiec szparagi. Do tego przepisu użyj grubych szparagów.

1 funt szparagów

1 1/4 szklanki oliwy z oliwek

Słony

1. Umieść ruszt na środku piekarnika. Rozgrzej piekarnik do 450 ° F. Odetnij dolną część szparagów w miejscu, w którym łodyga zmienia kolor z białego na zielony.

dwa. Umieść szparagi na blasze do pieczenia wystarczająco dużej, aby pomieścić je w jednej warstwie. Posyp olejem i solą. Obracaj szparagi w tę iz powrotem, aby pokryły się olejem.

3. Piec przez 8 do 10 minut lub do momentu, aż szparagi będą miękkie.

Szparagi w Zabaglione

Szparagi allo Zabaione

Wychodzi 6 porcji

Zabaglione to zwiewny krem jajeczny, zwykle podawany na słodko jako deser. W tym przypadku jajka są ubijane z białym winem i bez cukru i podawane ze szparagami. Stanowi elegancką przystawkę na wiosenny posiłek. Obieranie szparagów jest opcjonalne, ale gwarantuje, że szparagi będą miękkie od czubka do łodygi.

1 1/2 funta szparagów

2 duże żółtka

1 1/4 szklanki wytrawnego białego wina

Szczypta soli

1 łyżka niesolonego masła

1. Odetnij dolną część szparagów w miejscu, w którym łodyga zmienia kolor z białego na zielony. Aby obrać szparagi, zacznij

od dołu i za pomocą noża obrotowego usuń ciemnozieloną skórkę aż do końca łodygi.

dwa. Doprowadź około 2 cale wody do wrzenia na dużej patelni. Dodaj szparagi i sól do smaku. Gotuj, aż szparagi lekko się zginają po podniesieniu z końca łodygi, od 4 do 8 minut. Czas gotowania zależy od grubości szparagów. Usuń szparagi pęsetą. Osączyć na papierze kuchennym i osuszyć.

3.Doprowadź około cala wody do wrzenia w dolnej połowie rondla lub podwójnego bojlera. Umieść żółtka jaj, wino i sól w kąpieli wodnej lub w żaroodpornej misce, która ściśle przylega do patelni, nie dotykając wody.

cztery. Ubij mieszaninę jajek, aż się połączą i umieść rondel lub miskę nad wrzącą wodą. Ubijaj elektrycznym mikserem ręcznym lub drucianą trzepaczką, aż mieszanina będzie miała blady kolor i zachowa gładki kształt, gdy ubijacze zostaną podniesione, około 5 minut. Ubij masło, aż się zmiksuje.

5.Ciepłym sosem polać szparagi i od razu podawać.

Szparagi z Taleggio i orzeszkami pinii

Szparagi z Taleggio i Pinoli

Przepis na 6 do 8 porcji

Niedaleko Peck's, słynnej mediolańskiej gastronomii (sklep dla smakoszy), znajduje się Trattoria Milanese. To świetne miejsce, aby spróbować prostych, klasycznych dań lombardzkich, takich jak szparagi z taleggio, aromatyczny, półmiękki, maślany ser z krowiego mleka, który jest wytwarzany lokalnie i jest jednym z najlepszych serów we Włoszech. Fontinę lub Bel Paese można zastąpić, jeśli taleggio nie jest dostępne.

2 funty szparagów

Słony

2 łyżki niesolonego masła, roztopionego

6 uncji taleggio, Fontina Valle d'Aosta lub Bel Paese, pokrojone na małe kawałki

1/4 szklanki posiekanych orzeszków piniowych lub pokrojonych migdałów

1 łyżka bułki tartej

1. Umieść ruszt na środku piekarnika. Rozgrzej piekarnik do 450 ° F. Nasmaruj masłem naczynie do pieczenia o wymiarach 13 × 9 × 2 cale.

dwa. Odetnij dolną część szparagów w miejscu, w którym łodyga zmienia kolor z białego na zielony. Aby obrać szparagi, zacznij od dołu i za pomocą noża obrotowego usuń ciemnozieloną skórkę aż do końca łodygi.

3. Doprowadź około 2 cale wody do wrzenia na dużej patelni. Dodaj szparagi i sól do smaku. Gotuj, aż szparagi lekko się zginają po podniesieniu na końcu łodygi, od 4 do 8 minut. Czas gotowania zależy od grubości szparagów. Usuń szparagi pęsetą. Osączyć na papierze kuchennym i osuszyć.

cztery. Umieść szparagi w naczyniu do pieczenia. Posmarować masłem. Rozłóż ser na szparagach. Posypać orzechami włoskimi i bułką tartą.

5. Piec, aż ser się rozpuści, a orzechy pekan staną się złocistobrązowe, około 15 minut. Podawać na gorąco.

tymbale szparagowe

Sformatini di Asparagi

Wychodzi 6 porcji

Jedwabiście gładkie kremy, takie jak ten, to staromodny preparat, który pozostaje popularny w wielu włoskich restauracjach, głównie dlatego, że jest tak pyszny. Praktycznie każde warzywo można zrobić w ten sposób, a te małe kokilki świetnie nadają się na wegetariańską przystawkę, danie główne lub danie główne. Sformatini, dosłownie „małe, nieuformowane rzeczy", można podawać proste, polane sosem pomidorowym lub serem lub otoczone warzywami smażonymi na maśle.

1 filiżanka beszamel

1 1/2 funtów szparagów, posiekanych

3 duże jajka

1/4 szklanki świeżo startego Parmigiano-Reggiano

Sól i świeżo mielony czarny pieprz

1. W razie potrzeby przygotuj sos beszamelowy. Doprowadź około 2 cale wody do wrzenia na dużej patelni. Dodaj szparagi i sól do smaku. Gotuj, aż szparagi lekko się zginają po podniesieniu na końcu łodygi, od 4 do 8 minut. Czas gotowania zależy od grubości szparagów. Usuń szparagi pęsetą. Osączyć na papierze kuchennym i osuszyć. Odetnij i zarezerwuj 6 końcówek.

dwa. Umieść szparagi w robocie kuchennym i zmiel na gładką masę. Wymieszaj jajka, beszamel, ser, 1 łyżeczkę soli i pieprzu do smaku.

3. Umieść ruszt na środku piekarnika. Rozgrzej piekarnik do 350 ° F. Obficie posmaruj masłem sześć 6-uncjowych płaskich chlebów lub kokilek. Wlej mieszankę szparagów do filiżanek. Umieść filiżanki w dużej brytfannie i wlej wrzącą wodę do połowy wysokości filiżanek.

cztery. Piecz przez 50 do 60 minut lub do momentu, aż nóż włożony w środek wyjdzie czysty. Zdejmij foremki z patelni i przejedź małym nożem wokół krawędzi. Odwróć kokilki na talerze do serwowania. Udekoruj zarezerwowanymi końcówkami szparagów i podawaj na ciepło.

Fasola w stylu wiejskim

Fagioli alla Paesana

Wytwarza około 6 filiżanek fasoli, porcja od 10 do 12

Jest to podstawowa metoda gotowania wszystkich rodzajów fasoli. Namoczona fasola może fermentować, jeśli jest przechowywana w temperaturze pokojowej, więc przechowuję ją w lodówce. Po ugotowaniu podawaj z odrobiną oliwy z oliwek z pierwszego tłoczenia lub dodaj do zup lub sałatek.

1 funt żurawiny, cannellini lub innej suszonej fasoli

1 marchewka, pokrojona w plasterki

1 łodyga selera z liśćmi

1 cebula

2 ząbki czosnku

2 łyżki oliwy z oliwek

Słony

1. Opłucz i podnieś fasolę, aby usunąć wszelkie połamane fasole lub małe kamienie.

dwa. Umieść fasolę w dużej misce z zimną wodą, aby przykryła 2 cale. Przechowywać w lodówce 4 godziny do nocy.

3. Odcedź fasolę i umieść ją w dużym garnku z zimną wodą, tak aby przykryła ją na głębokość 1 cala. Doprowadź wodę do wrzenia na średnim ogniu. Zmniejsz ogień do niskiego i zbierz pianę, która unosi się na wierzchu. Gdy piana przestanie się unosić, dodaj warzywa i oliwę z oliwek.

cztery. Przykryj patelnię i gotuj na wolnym ogniu przez 1,5 do 2 godzin, w razie potrzeby dodając więcej wody, aż fasola będzie bardzo miękka i kremowa. Dodać sól do smaku i odstawić na około 10 minut. Odrzuć warzywa. Podawać na ciepło lub w temperaturze pokojowej.

fasola toskańska

Fagioli Stufati

Wychodzi 6 porcji

Toskańczycy to mistrzowie kuchni fasolowej. W ledwie bulgoczącym płynie gotują suszone rośliny strączkowe z przyprawami. Długie, powolne gotowanie daje delikatne, kremowe ziarna, które zachowują swój kształt podczas gotowania.

Zawsze próbuj kilka ziaren, aby określić, czy są ugotowane, ponieważ nie wszystkie będą gotować w tym samym czasie. Po ugotowaniu pozostawiam fasolę na kuchence na chwilę, aby upewnić się, że jest ugotowana. Są dobre, gdy są ciepłe i doskonale rozgrzewają.

Fasola jest dobra jako dodatek do zup lub jako dodatek do ciepłego tostowego włoskiego chleba posmarowanego czosnkiem i skropionego olejem.

8 uncji suszonych cannellini, żurawiny lub innej fasoli

1 duży ząbek czosnku, lekko posiekany

6 listków świeżej szałwii lub mała gałązka rozmarynu lub 3 gałązki świeżego tymianku

Słony

Oliwa z oliwek z pierwszego tłoczenia

świeżo zmielony czarny pieprz

1. Opłucz i podnieś fasolę, aby usunąć wszelkie połamane fasole lub małe kamienie. Umieść fasolę w dużej misce z zimną wodą, aby przykryła 2 cale. Przechowywać w lodówce 4 godziny do nocy.

dwa. Rozgrzej piekarnik do 300 ° F. Odcedź fasolę i umieść w holenderskim piekarniku lub innym głębokim, ciężkim garnku z ciasno dopasowaną pokrywką. Dodaj świeżą wodę, aby pokryć 1 cal. Dodaj czosnek i szałwię. Doprowadzić do wrzenia na małym ogniu.

3. Przykryj blachę i umieść ją na środkowej półce piekarnika. Gotuj, aż fasola będzie bardzo miękka, około 1 godziny i 15 minut lub dłużej, w zależności od rodzaju i wieku fasoli. Od czasu do czasu sprawdzaj, czy nie potrzeba więcej wody, aby

fasola była przykryta. Niektóre ziarna mogą wymagać dodatkowych 30 minut gotowania.

cztery. Spróbuj fasoli. Dodaj sól do smaku, gdy będą w pełni ugotowane. Odstaw fasolę na 10 minut. Podawać gorące z odrobiną oliwy z oliwek i szczyptą czarnego pieprzu.

Sałatka Fasolowa

Insalata di Fagioli

Wychodzi 4 porcje

Przyprawianie fasoli, gdy jest gorąca, pozwoli im wchłonąć smaki.

2 łyżki oliwy z oliwek extra vergine

2 łyżki świeżego soku z cytryny

Sól i świeżo mielony czarny pieprz

2 szklanki gorącej gotowanej lub konserwowanej fasoli, takiej jak fasola cannellini lub żurawina

1 mała żółta papryka pokrojona w kostkę

1 szklanka pomidorków koktajlowych, przekrojonych na pół lub ćwiartki

2 zielone cebule, pokrojone na 1/2-calowe kawałki

1 pęczek rukoli, drobno posiekanej

1. W średniej misce wymieszaj olej, sok z cytryny oraz sól i pieprz do smaku. Fasolę odcedzamy i dodajemy do dressingu. Dobrze wymieszać. Odstaw na 30 minut.

dwa. Dodaj paprykę, pomidory i cebulę i wymieszaj. Spróbuj i dostosuj przyprawy.

3. Ułóż rukolę w misce i udekoruj sałatką. Natychmiast podawaj.

Fasola i kapusta

Fagioli i Cavolo

Wychodzi 6 porcji

Podawaj jako przystawkę zamiast makaronu lub zupy lub jako dodatek do pieczonej wieprzowiny lub kurczaka.

2 uncje pancetty (4 grube plastry), pokrojonej w 1-calowe (2,5 cm) paski

2 łyżki oliwy z oliwek

1 mała posiekana cebula

2 duże ząbki czosnku

1/4 łyżeczki mielonej czerwonej papryki

4 szklanki posiekanej kapusty

1 szklanka posiekanych pomidorów świeżych lub z puszki

Słony

3 szklanki gotowanej lub konserwowanej fasoli cannellini lub żurawiny, odsączonej

1. Na dużej patelni smaż pancettę na oliwie z oliwek przez 5 minut. Dodaj cebulę, czosnek i ostrą paprykę i gotuj, aż cebula zmięknie, około 10 minut.

dwa. Dodaj kapustę, pomidory i sól do smaku. Zmniejsz ogień i przykryj patelnię. Gotuj przez 20 minut lub do momentu, aż kapusta będzie miękka. Dodaj fasolę i gotuj przez kolejne 5 minut. Podawać na gorąco.

Fasola W Pomidorowym Sosie Szałwiowym

Fagioli all'Uccelletto

Wychodzi 8 porcji

Te toskańskie ziarna są gotowane tak, jak ptactwo łowne, z szałwią i pomidorami, stąd ich włoska nazwa.

1 funt suszonej fasoli cannellini lub fasoli Great Northern, wypłukanej i zebranej

Słony

2 gałązki świeżej szałwii

3 duże ząbki czosnku

1 1/4 szklanki oliwy z oliwek

3 duże pomidory, obrane, pozbawione nasion i posiekane lub 2 szklanki pomidorów z puszki

1. Umieść fasolę w dużej misce z zimną wodą, aby przykryła 2 cale. Wstaw je do lodówki na 4 godziny do namoczenia na całą noc.

dwa. Odcedź fasolę i umieść ją w dużym garnku z zimną wodą, tak aby przykryła ją na głębokość 1 cala. Doprowadź płyn do wrzenia. Przykryj i gotuj, aż fasola będzie miękka, od 11/2 do 2 godzin. Dodać sól do smaku i odstawić na 10 minut.

3. W dużym rondlu podsmaż szałwię i czosnek na oleju na średnim ogniu, miażdżąc czosnek tylną częścią łyżki, aż czosnek będzie złocistobrązowy, około 5 minut. Dodaj pomidory.

cztery. Fasolę odsączyć, zachowując płyn. Dodaj fasolę do sosu. Gotuj przez 10 minut, dodając trochę zarezerwowanego płynu, jeśli fasola stanie się sucha. Podawać na ciepło lub w temperaturze pokojowej.

Gulasz z ciecierzycy

Ceci w Zimino

Przepis na 4 do 6 porcji

Ten obfity gulasz jest dobry sam w sobie lub możesz dodać trochę ugotowanego makaronu lub ryżu i wody lub bulionu, aby zamienić go w zupę.

1 średnia cebula posiekana

1 ząbek czosnku drobno posiekany

4 łyżki oliwy z oliwek

1 funt szwajcarski boćwina lub szpinak, przycięty i posiekany

Sól i świeżo mielony czarny pieprz

3 1/2 szklanki gotowanej lub puszkowanej ciecierzycy, odsączonej

Oliwa z oliwek z pierwszego tłoczenia

1. W średnim rondlu smaż cebulę i czosnek na oleju na średnim ogniu, aż uzyskasz złoty kolor, 10 minut. Dodaj boćwinę i sól do smaku. Przykryj i gotuj przez 15 minut.

dwa. Dodaj ciecierzycę z odrobiną płynu z gotowania lub wody oraz sól i pieprz do smaku. Przykryj i gotuj przez kolejne 30 minut. Mieszaj od czasu do czasu i rozgnieć część ciecierzycy tylną częścią łyżki. Dodaj trochę więcej płynu, jeśli mieszanka będzie zbyt sucha.

3. Lekko ostudź przed podaniem. W razie potrzeby skropić odrobiną oliwy z oliwek z pierwszego tłoczenia

Bób z gorzkimi zieleniami

Faworyt i Cicoria

Przepis na 4 do 6 porcji

Suszony bób ma ziemisty i lekko gorzki smak. Kupując, zwróć uwagę na obraną odmianę. Są trochę droższe, ale warto ich unikać w przypadku twardej skóry. Gotują też szybciej niż fasola fava ze skórką. Suszone i łuskane fasole fava można znaleźć na rynkach etnicznych i rynkach specjalizujących się w naturalnej żywności.

Ten przepis pochodzi z Apulii, gdzie jest praktycznie daniem narodowym. Można użyć dowolnego rodzaju gorzkiej zieleniny, takiej jak radicchio, brokuł rabe, rzepa lub mniszek lekarski. Lubię dodawać szczyptę mielonej czerwonej papryki do warzyw podczas gotowania, ale to nie jest tradycyjne.

8 uncji suszonej fasoli fava, obranej, opłukanej i osuszonej

1 średnio ugotowany ziemniak, obrany i pokrojony na 1-calowe kawałki

Słony

1 funt radicchio lub zieleniny mniszka lekarskiego, przycięte

1 1/4 szklanki oliwy z oliwek extra virgin

1 ząbek czosnku drobno posiekany

szczypta mielonej czerwonej papryki

1. Umieść fasolę i ziemniaki w dużym rondlu. Dodaj zimną wodę, aby przykryła 1/2 cala. Doprowadzić do wrzenia i gotować, aż fasola będzie bardzo miękka i rozpadnie się, a cała woda zostanie wchłonięta.

dwa. Dodaj sól do smaku. Fasolę rozgnieść łyżką lub tłuczkiem do ziemniaków. Dodaj olej.

3. Doprowadź duży garnek wody do wrzenia. Dodać warzywa i sól do smaku. Gotuj do miękkości, w zależności od odmiany warzyw, od 5 do 10 minut. Dobrze odcedź.

cztery. Wysusz słoik. Dodaj olej, czosnek i zmiażdżoną czerwoną paprykę. Smaż na średnim ogniu, aż czosnek będzie złocisto-brązowy, około 2 minut. Dodaj odsączone warzywa i sól do smaku. Dobrze wymieszaj.

5. Rozłóż puree z fasoli do miski. Ułóż warzywa na wierzchu. W razie potrzeby spryskaj większą ilością oleju. Podawać gorące lub ciepłe.

Świeży bób po rzymsku

Fave alla Romana

Wychodzi 4 porcje

Świeży bób w strąkach jest ważnym wiosennym warzywem w środkowych i południowych Włoszech. Rzymianie chętnie wyjmują je z muszli i jedzą na surowo jako dodatek do młodego pecorino. Fasola jest również duszona z innymi wiosennymi warzywami, takimi jak groszek i karczochy.

Jeśli fasola jest bardzo młoda i delikatna, nie ma potrzeby obierania cienkiej skórki, która ją pokrywa. Spróbuj zjeść jedną ze skórką, a drugą bez, aby zdecydować, czy są miękkie.

Smak i konsystencja świeżej fasoli jest zupełnie inna niż fasoli suszonej, więc nie zastępuj jednego drugiego. Jeśli nie możesz znaleźć świeżego favy, poszukaj mrożonej fasoli sprzedawanej na wielu rynkach włoskich i bliskowschodnich. Świeże lub mrożone fasolki lima również dobrze sprawdzają się w tym daniu.

1 mała cebula drobno posiekana

4 uncje pancetta, pokrojone w kostkę

2 łyżki oliwy z oliwek

4 funty świeżej fasoli lima, łuskanej (około 3 filiżanek)

Sól i świeżo mielony czarny pieprz

1 1/4 szklanki wody

1. Na średniej patelni podsmaż cebulę i pancettę na oliwie z oliwek na średnim ogniu przez 10 minut lub do uzyskania złotego koloru.

dwa. Dodać fasolę oraz sól i pieprz do smaku. Dodaj wodę i zmniejsz ogień. Przykryj patelnię i gotuj przez 5 minut lub do momentu, aż fasola będzie prawie miękka.

3. Odkryć patelnię i gotować, aż fasola i pancetta będą lekko rumiane, około 5 minut. Podawać na gorąco.

Świeży bób po umbryjsku

Skafata

Wychodzi 6 porcji

Strąki bobu powinny być jędrne i chrupiące, nie pomarszczone ani papkowate, co wskazuje, że są za stare. Im mniejszy strąk, tym delikatniejsze będą ziarna. Rysunek 1 funt świeżej fasoli w strąku na 1 filiżankę łuskanej fasoli.

2 1/2 funtów świeżej fasoli lima, łuskanej lub 2 szklanki mrożonej fasoli lima

1 funt szwajcarski boćwina, przycięty i pokrojony w paski o szerokości 1 cala (2,5 cm).

1 posiekana cebula

1 średnia marchewka, posiekana

1 posiekany seler

1 1/4 szklanki oliwy z oliwek

1 łyżeczka soli

świeżo zmielony czarny pieprz

1 średnio dojrzały pomidor, obrany, pozbawiony nasion i posiekany

1. W średnim rondlu połącz wszystkie składniki oprócz pomidora. Przykryj i gotuj na wolnym ogniu, od czasu do czasu mieszając, przez 15 minut lub do momentu, aż fasola będzie miękka. Dodaj trochę wody, jeśli warzywa zaczną się kleić.

dwa. Dodać pomidora i gotować bez przykrycia przez 5 minut. Podawać na gorąco.

Brokuły Z Olejem I Cytryną

brokuły rolne

Wychodzi 6 porcji

Jest to podstawowy sposób serwowania wielu rodzajów gotowanych warzyw w południowych Włoszech. Podawane są zawsze w temperaturze pokojowej.

1 1/2 funta brokułów

Słony

1 1/4 szklanki oliwy z oliwek extra virgin

1 do 2 łyżek świeżego soku z cytryny

Plasterki cytryny do dekoracji

1. Brokuły podzielić na duże różyczki. Przytnij końce łodyg. Usuń twardą skórkę za pomocą obieraczki z obrotowym ostrzem. Pokrój grube łodygi w poprzek na 1/4-calowe plastry.

dwa. Doprowadź duży garnek wody do wrzenia. Dodaj brokuły i sól do smaku. Gotuj, aż brokuły będą miękkie, od 5 do 7 minut. Odcedź i lekko ostudź pod zimną bieżącą wodą.

3. Brokuły skropić olejem i sokiem z cytryny. Udekoruj plasterkami cytryny. Podawać w temperaturze pokojowej.

Brokuły po parmeńsku

Brokuły alla Parmigiana

Wychodzi 4 porcje

Dla odmiany zrób to danie z połączenia kalafiora i brokułów.

1 1/2 funta brokułów

Słony

3 łyżki niesolonego masła

świeżo zmielony czarny pieprz

1/2 szklanki świeżo startego Parmigiano-Reggiano

1. Brokuły podzielić na duże różyczki. Przytnij końce łodyg. Usuń twardą skórkę za pomocą obieraczki z obrotowym ostrzem. Pokrój grube łodygi w poprzek na 1/4-calowe plastry.

dwa. Doprowadź duży garnek wody do wrzenia. Dodaj brokuły i sól do smaku. Gotuj, aż brokuły będą częściowo miękkie, około 5 minut. Odcedzić i ostudzić zimną wodą.

3. Umieść ruszt na środku piekarnika. Rozgrzej piekarnik do 375 ° F. Naczynie do pieczenia jest wystarczająco duże, aby pomieścić brokuły.

cztery. Umieść włócznie w przygotowanym naczyniu, lekko nachodząc na siebie. Posmarować masłem i posypać pieprzem. Posyp serem na wierzchu.

5. Piecz przez 10 minut lub do momentu, aż ser się roztopi i lekko zarumieni. Podawać na gorąco.

Rabe z brokułów z czosnkiem i ostrą papryką

Cime di Żabnica z Peperoncino

Wychodzi 4 porcje

Nie ma nic lepszego niż ten przepis, jeśli chodzi o aromatyzowanie rabe z brokułów. To danie można również przygotować z brokułami lub kalafiorem. Niektóre wersje zawierają kilka anchois smażonych na czosnku i oleju lub spróbuj dodać garść oliwek, aby uzyskać pikantny smak. Jest to również świetny dodatek do makaronu.

1 1/2 funta brokułów rzepaku

Słony

3 łyżki oliwy z oliwek

2 duże ząbki czosnku, cienko pokrojone

szczypta mielonej czerwonej papryki

1. Różyczki brokuła podzielić na różyczki. Przytnij podstawę łodyg. Obieranie łodyg jest opcjonalne. Każdy kwiat pokroić w poprzek na 2 lub 3 części.

dwa. Doprowadź duży garnek wody do wrzenia. Dodaj rabe z brokułów i sól do smaku. Gotuj, aż brokuły będą prawie miękkie, około 5 minut. Odpływ.

3. Osusz patelnię i dodaj olej, czosnek i czerwoną paprykę. Smaż na średnim ogniu, aż czosnek lekko się zrumieni, około 2 minut. Dodaj brokuły i szczyptę soli. Dobrze wymieszać. Przykryj i gotuj do miękkości, jeszcze 3 minuty. Podawać na ciepło lub w temperaturze pokojowej.

Brokuły Z Prosciutto

Duszone Brokuły

Wychodzi 4 porcje

Brokuły w tym przepisie są gotowane do miękkości na tyle, że można je rozgnieść widelcem. Podawać jako dodatek lub posmarować grzankami z włoskiego chleba do crostini.

1 1/2 funta brokułów

Słony

1 1/4 szklanki oliwy z oliwek

1 średnia cebula posiekana

1 ząbek czosnku drobno posiekany

4 cienkie plastry włoskiego prosciutto z importu, pokrojone w poprzek na cienkie paski

1. Brokuły podzielić na duże różyczki. Przytnij końce łodyg. Usuń twardą skórkę za pomocą obieraczki z obrotowym ostrzem. Pokrój grube łodygi w poprzek na 1/4-calowe plastry.

dwa. Doprowadź duży garnek wody do wrzenia. Dodaj brokuły i sól do smaku. Gotuj, aż brokuły będą częściowo miękkie, około 5 minut. Odcedzić i ostudzić zimną wodą.

3.Osusz patelnię i dodaj olej, cebulę i czosnek. Gotuj na średnim ogniu do złotego koloru, około 10 minut. Dodaj brokuły. Przykryj i zmniejsz ciepło. Gotuj, aż brokuły będą miękkie, około 15 minut.

cztery. Brokuły rozgnieść tłuczkiem do ziemniaków lub widelcem. Dodaj prosciutto. Dopraw solą i pieprzem. Podawać na gorąco.

Kanapki Z Brokułami Rabe

Morsi z Cime di Rape

Wychodzi 4 porcje

Minestra może być gęstą zupą z makaronem lub ryżem lub obfitym daniem warzywnym, takim jak ta z Apulii, z kostkami chleba. Chociaż prawdopodobnie została wymyślona przez oszczędną gospodynię domową z resztkami chleba i mnóstwem ust do napełnienia, jest wystarczająco smaczna na przystawkę lub jako dodatek do żeberek lub kotletów wieprzowych.

11/2 funta brokułów rzepaku

3 ząbki czosnku, cienko pokrojone

szczypta mielonej czerwonej papryki

1/3 szklanki oliwy z oliwek

4 do 6 kromek (1/2 cala grubości) chleba włoskiego lub francuskiego, pokrojonego na małe kawałki

1. Różyczki brokuła podzielić na różyczki. Przytnij podstawę łodyg. Obieranie łodyg jest opcjonalne. Pokrój każdy kwiat w poprzek na 1-calowe kawałki.

dwa. Doprowadź duży garnek wody do wrzenia. Dodaj rabe z brokułów i sól do smaku. Gotuj, aż brokuły będą prawie miękkie, około 5 minut. Odpływ.

3. Na dużej patelni podsmaż czosnek i czerwoną paprykę na oleju przez 1 minutę. Dodaj kostki chleba i gotuj, często mieszając, aż chleb będzie lekko opiekany, około 3 minut.

cztery. Dodać rabe brokułową i szczyptę soli. Gotuj, mieszając, przez kolejne 5 minut. Podawać na gorąco.

Rabe z brokułów z boczkiem i pomidorami

Cime di Monkfish al Pomodori

Wychodzi 4 porcje

W tym przepisie mięsisty smak pancetty, cebuli i pomidorów uzupełnia odważny smak brokułów rabe. To kolejne danie, które świetnie komponuje się z gorącym ugotowanym makaronem.

11/2 funta brokułów rzepaku

Słony

2 łyżki oliwy z oliwek

2 grube plastry bekonu, drobno posiekane

1 średnia cebula posiekana

szczypta mielonej czerwonej papryki

1 szklanka pokrojonych pomidorów z puszki

2 łyżki wytrawnego białego wina lub wody

1. Różyczki brokuła podzielić na różyczki. Przytnij podstawę łodyg. Obieranie łodyg jest opcjonalne. Pokrój każdy kwiat w poprzek na 1-calowe kawałki.

dwa. Doprowadź duży garnek wody do wrzenia. Dodaj rabe z brokułów i sól do smaku. Gotuj, aż brokuły będą prawie miękkie, około 5 minut. Odpływ.

3. Wlej olej na dużą patelnię. Dodaj pancettę, cebulę i czerwoną paprykę i gotuj na średnim ogniu, aż cebula będzie przezroczysta, około 5 minut. Dodaj pomidory, wino i szczyptę soli. Gotuj przez kolejne 10 minut lub do zgęstnienia.

cztery. Dodaj rabe z brokułów i gotuj do miękkości, około 2 minut. Podawać na gorąco.

Małe Warzywne Pasztety

Frittelle di Erbe di Campo

Wychodzi 8 porcji

Na Sycylii te małe naleśniki warzywne są robione z gorzkich dzikich warzyw. Możesz użyć rabe z brokułów, gorczycy, ogórecznika lub radicchio. Te ciasta są tradycyjnie spożywane w okolicach Wielkanocy jako przystawka lub dodatek. Są gorące lub mają temperaturę pokojową.

1 1/2 funta brokułów rzepaku

Słony

4 duże jajka

2 łyżki startego caciocavallo lub pecorino romano

Sól i świeżo mielony czarny pieprz

2 łyżki oliwy z oliwek

1.Różyczki brokuła podzielić na różyczki. Przytnij podstawę łodyg. Obieranie łodyg jest opcjonalne. Pokrój każdy kwiat w poprzek na 1-calowe kawałki.

dwa. Doprowadź duży garnek wody do wrzenia. Dodaj rabe z brokułów i sól do smaku. Gotuj, aż brokuły będą prawie miękkie, około 5 minut. Odpływ. Lekko ostudzić, a następnie odcisnąć wodę. Drobno posiekaj różyczki brokuła.

3.W dużej misce ubij jajka, ser, sól i pieprz do smaku. Dodaj warzywa.

cztery. Rozgrzej olej na dużej patelni na średnim ogniu. Nabierz czubatą łyżkę mieszanki z patelni i wlej ją na patelnię. Mieszankę spłaszczyć łyżką na mały naleśnik. Powtórz z pozostałą mieszanką. Smaż jedną stronę ciastek, aż lekko się zarumienią, około 2 minut, następnie odwróć szpatułką i smaż drugą stronę, aż będzie złota i upieczona. Podawać na ciepło lub w temperaturze pokojowej.

smażony kalafior

Cavolfiore Fritte

Wychodzi 4 porcje

Spróbuj podać tak przygotowanego kalafiora komuś, kto zwykle nie lubi tego wszechstronnego warzywa, a na pewno się przekonasz. Chrupiąca panierka o smaku sera ładnie kontrastuje z delikatnym kalafiorem. Można je podawać jako przystawki na przyjęcia lub jako dodatek do grillowanych kotletów wieprzowych. Aby uzyskać najlepszą konsystencję, podawaj natychmiast po ugotowaniu.

1 mały kalafior (około 1 funta)

Słony

1 szklanka suchej bułki tartej

3 duże jajka

1/2 szklanki świeżo startego Parmigiano-Reggiano

świeżo zmielony czarny pieprz

Olej roślinny

Plastry cytryny

1. Kalafiora podzielić na różyczki o długości 2 cm. Przytnij końce łodyg. Pokrój grube łodygi w poprzek na 1/4-calowe plastry.

dwa. Doprowadź duży garnek wody do wrzenia. Dodaj kalafiora i sól do smaku. Gotuj, aż kalafior będzie prawie miękki, około 5 minut. Odcedzić i ostudzić zimną wodą.

3. Umieść bułkę tartą w płytkim naczyniu. W małej misce ubij jajka, ser, sól i pieprz do smaku. Zanurz kawałki kalafiora w jajku, a następnie obtocz je w bułce tartej. Pozostaw do wyschnięcia na stojaku przez 15 minut.

cztery. Wlej olej do dużej, głębokiej patelni na głębokość 1/2 cala. Podgrzewaj na średnim ogniu, aż część upuszczonej mieszanki jaj skwierczy na patelni i szybko się ugotuje. W międzyczasie wyłóż blachę do pieczenia papierem kuchennym.

5. Umieść na patelni tyle kawałków kalafiora, aby wygodnie się zmieściły, nie dotykając ich. Smaż kawałki, obracając szczypcami, aż będą złotobrązowe i chrupiące, około 6 minut.

Odsącz kalafiora na papierze kuchennym. Powtórz z pozostałym kalafiorem.

6.Kalafiora podawaj na gorąco, z kawałkami cytryny.

www.ingramcontent.com/pod-product-compliance
Lightning Source LLC
Chambersburg PA
CBHW071434080526
44587CB00014B/1847